길벗스쿨 홈페이지 **www.gilbutschool.co.kr**
길벗스쿨의 모든 책을 쉽게 찾아보고 어학 mp3 파일, 동영상 강의, 월페이퍼 등
다양한 학습 자료를 내려받으실 수 있습니다.

기적의 공부방 **cafe.naver.com/gilbutschool**
길벗스쿨의 책으로 만든 국어, 영어, 수학, 과학, 사회 학습 프로그램을 제공합니다.
학교 성적도 올리고, 상도 받고, 우리 아이의 실력을 쑥쑥 키워 주세요.

지식이 감동이 되는 책

세상이 아무리 바쁘게 돌아가더라도
책까지 아무렇게나 빨리 만들 수는 없습니다.
어머니가 손수 지어 주는 밥처럼
정성이 듬뿍 담긴 건강한 책을 만들고 싶습니다.

길벗스쿨은 쉽게 배우고 깨쳐 공부에 자신감을 주는 책,
재미와 감동으로 마음을 풍요롭게 해 주는 책으로
독자 여러분께 다가가겠습니다.

아이의 꿈을 키워 주는 정성을
지금, 만나 보세요.

미리 책을 읽고 따라 해 본 2만 명의 베타테스터 여러분과
무따기 체험단, 길벗스쿨 엄마 기획단,
시나공 평가단, 토익 배틀, 대학생 기자단까지!
믿을 수 있는 책을 함께 만들어 주신 독자 여러분께 감사드립니다.

홈페이지에 오시면
책을 함께 만들 수 있습니다.

길벗스쿨 www.gilbutschool.co.kr
길벗 www.gilbut.co.kr
길벗이지톡 www.eztok.co.kr

유래를 통해 배우는 초등 사회 12. 종교

그래서 이런 종교가 생겼대요

유래를 통해 배우는
초등 사회 12. 종교

그래서 이런 종교가 생겼대요

우리누리 글 | 최현정 그림

길벗스쿨

책머리에

그래서 이런 종교가 생겼대요

    종교는 우리 생활 곳곳에 영향을 주고 있어요.
    크리스마스는 기독교의 예수의 탄생을 기념하는 날이에요. 부처님 오신 날은 불교의 싯다르타의 탄생을 기념하는 날이지요. 이집트의 피라미드, 그리스의 아크로폴리스, 캄보디아의 앙코르 와트 등 많은 세계 문화유산들도 종교 때문에 만들어졌어요. 명화로 알려진 그림들도 종교와 관련된 작품들이 많아요. 우리나라 문화재 가운데는 불교 문화재가 많고, 제사를 지내는 것은 유교의 영향이지요. 이렇게 알게 모르게 종교는 우리 생활에 많은 영향을 미치고 있어요.
    종교는 인류의 역사와 문화를 이해하는 데도 꼭 필요해요.
    인류가 출현한 원시 시대부터 종교가 있었고, 세계 어떤 민족이든 종교를 가지고 있어요. 그래서 종교는 전 세계 각 나라에 문화·사회·정치·경제적으로 많은 영향을 끼쳐 오고 있지요.
    다른 나라를 이해하기 위해서도 종교에 대해서 알아야 해요.

기독교에 대해서 잘 모른다면 서양의 역사나 문화를 제대로 알 수 없고, 불교에 대해서 모르면 중국을 비롯한 아시아 지역을 제대로 이해할 수 없어요. 이슬람교를 모르면 서남아시아를 이해할 수 없고, 힌두교를 모르면 인도를 제대로 볼 수 없지요.

　종교를 가진 사람들도 다른 종교에 대해서 알아야 해요.

　"하나의 종교만 아는 사람은 아무 종교도 모른다."는 말이 있어요. 자신이 믿는 종교에 대해서 깊이 알기 위해서라도 다른 종교를 알아야 해요. 각 종교는 따로 떨어져 있는 것이 아니라 오랜 역사를 거치면서 서로 영향을 주고받으며 발전해 왔기 때문이지요.

　다른 종교에 대해서 잘못 알고, 다른 종교를 무조건 나쁘게 말하는 사람들도 있어요. 그래서 종교 때문에 전쟁이 일어나기도 해요.

　이 책은 가장 많은 사람들이 믿는 대표적인 종교인 기독교, 이슬람교, 불교, 힌두교, 유대교를 중심으로 세계의 다양한 종교에 관한 이야기를 담았어요. 다양한 종교를 이해하고, 여러 종교의 가르침 속에서 자신과 세상에 대해서 한 번 생각해 보고, 함께 더불어 사는 세상을 만들었으면 좋겠어요.

글쓴이 우리누리

차례

1장 옛날에는 이런 종교가 있었대요

12 종교는 왜 생겨난 걸까요? - **종교의 기원**
14 먼 옛날에는 동물, 태양, 하늘을 섬겼대요 - **원시 종교**
16 신화는 어떻게 만들어졌나요? - **신화의 탄생**
18 보통 사람과 비슷한 신들이 있었어요 - **그리스 로마 신화**
20 고대 이집트에서는 파라오가 신이었어요 - **종교와 정치**
22 먼 옛날 우리나라에는 이런 종교들이 있었대요 - **전통 신앙**

2장 기독교와 이슬람의 뿌리, 유대교

26 유대교는 유대 인들의 역사와 함께해 왔어요 - **유대교의 특징**
28 유대교의 역사는 아브라함으로부터 시작되었대요 - **유대교의 시작**
30 이스라엘이라는 말은 어떻게 생겨났나요? - **이스라엘 민족의 탄생**
32 모세가 기적을 일으켰어요 - **출애굽**
34 꼭 지켜야 할 열 가지 계율이 내려졌어요 - **십계명**
36 이스라엘 왕국이 세워졌어요 - **이스라엘 왕국**
38 이스라엘이 둘로 나뉘면서 유대 인이라는 말이 생겨났대요 - **유대 인**
40 유대교의 주요 경전인 《구약 성경》이 만들어졌어요 - **《구약 성경》**
42 유대 인들의 수난은 계속되었어요 - **통곡의 벽**
44 《탈무드》는 《성경》만큼 중요한 책이래요 - **《탈무드》**
46 신이 엿새 동안 세상을 만들고 다음 날 쉬었대요 - **안식일**
48 유대 인들이 팔레스타인 땅에 나라를 세웠어요 - **이스라엘 - 팔레스타인 분쟁**

3장 사랑의 종교, 기독교

- 52 기독교는 예수의 가르침을 따르는 종교예요 - **기독교의 특징**
- 54 마리아가 신의 아들을 임신했어요 - **성령 잉태**
- 56 예수는 가장 낮은 곳에서 태어났대요 - **예수의 탄생**
- 58 가난하고 어려운 사람들의 친구가 되었어요 - **예수의 활동**
- 60 네 이웃을 네 몸과 같이 사랑하라 - **예수의 가르침**
- 62 예수는 어떤 죄로 잡히나요? - **예수의 재판**
- 64 십자가에 못 박혀 죽었다가 다시 살아났어요 - **예수의 부활**
- 66 유대교를 벗어나 새로운 종교로 발전했어요 - **기독교의 탄생**
- 68 예수의 생애와 가르침을 담은 《신약 성경》이 만들어졌어요 - **《신약 성경》**
- 70 기독교는 어떻게 서양의 종교가 되었나요? - **로마의 기독교 공인**
- 72 기독교 전체를 다스리는 교황이 탄생했어요 - **교황**
- 74 교황이 황제보다 힘이 강했대요 - **중세 교황의 힘**
- 76 기독교가 둘로 나뉘었어요 - **로마 가톨릭과 그리스 정교회**
- 78 신의 이름으로 끔찍한 전쟁을 벌였어요 - **십자군 전쟁**
- 80 로마 가톨릭을 비판하면서 개신교가 탄생했어요 - **종교 개혁**
- 82 뿌리는 같지만 다른 점도 많아요 - **천주교와 개신교**

4장 평화를 중시하는 이슬람교

- 86 알라 외에 다른 신은 없다 - **이슬람교의 특징**
- 88 무함마드가 신의 소리를 들었대요 - **이슬람교의 탄생**
- 90 메디나에서 이슬람 공동체가 생겨났어요 - **이슬람 공동체의 탄생**
- 92 아라비아 반도가 이슬람교로 통일되었어요 - **아라비아 반도의 통일**
- 94 한 손에는 칼, 한 손에는 《꾸란》? - **이슬람교의 확대**
- 96 이슬람교는 수니파와 시아파로 나뉘었어요 - **수니파와 시아파**

98 무슬림의 생활을 지배하는 위대한 경전 - 《꾸란》
100 이슬람교도 예수를 존경한대요 - 이슬람교의 예언자들
102 이슬람교의 알라와 기독교의 하나님이 같다고요? - 알라
104 무슬림들이 지켜야 할 다섯 기둥이 있대요 - 이슬람교의 다섯 기둥
106 이슬람교와 기독교는 왜 사이가 나쁜가요? - 이슬람교와 기독교 분쟁
108 이슬람교의 전통적인 가르침을 문자 그대로 받아들였어요 - 이슬람교 근본주의
110 이슬람교에서는 여성의 인권을 무시하나요? - 이슬람교와 여성
112 이슬람교는 테러를 잘 일으키는 종교인가요? - 이슬람교에 대한 오해

5장 생활이 곧 종교인 힌두교

116 힌두교는 가장 오래된 역사를 가지고 있대요 - 힌두교의 특징
118 세계 종교 가운데 가장 복잡한 종교래요 - 힌두교의 역사
120 모든 생명은 다시 태어난대요 - 윤회
122 사람의 신분이 네 가지로 나뉘었어요 - 카스트 제도
124 가장 중요한 목표는 목샤에 이르는 거래요 - 목샤
126 요가는 목샤에 이르는 방법이에요 - 요가
128 힌두교를 대표하는 세 신이 있어요 - 브라흐마, 시바, 비슈누
130 종교 때문에 인도가 세 나라로 갈라졌어요 - 인도의 종교 분쟁

6장 깨달음의 종교, 불교

134 불교는 붓다의 가르침을 따르는 종교예요 - 불교의 특징
136 하늘 위와 하늘 아래 나만이 존귀하다 - 싯다르타의 탄생
138 인생의 고통에서 벗어나는 길을 찾아 떠났어요 - 불교의 씨앗
140 보리수나무 아래에서 깨달음을 얻고 붓다가 되었어요 - 싯다르타의 해탈

142 누구나 깨달음을 얻으면 행복해질 수 있대요 - **불교의 확산**
144 네 가지의 진리와 여덟 가지 바른 길 - **사성제와 팔정도**
146 붓다의 가르침을 적은 경전이 만들어졌어요 - **불교의 경전**
148 불교를 크게 두 부류로 나눌 수 있어요 - **소승 불교와 대승 불교**
150 불교의 방편으로 인해 여러 종파가 생겨났어요 - **불교의 방편**
152 깨우침에 걸림돌이 되면 붓다도 죽여야 한대요 - **선종**
154 초기 불교에는 불상이 없었대요 - **불상**
156 깨달음을 얻으면 누구나 붓다가 될 수 있대요 - **나무아미타불**
158 인도에는 불교를 믿는 사람이 거의 없어요 - **인도 불교의 쇠퇴**
160 달라이라마는 정말 살아 있는 붓다인가요? - **티베트 불교**
162 우리나라에는 불교가 언제 들어왔나요? - **우리나라의 불교**

7장 세계의 다양한 종교들

166 유대교, 기독교, 이슬람교에 큰 영향을 주었대요 - **조로아스터교**
168 유교는 종교일까요, 종교가 아닐까요? - **유교**
170 노자는 자연스럽게 살라고 했어요 - **도교**
172 욕심을 버리고 생명을 존중해요 - **자이나교**
174 이슬람교와 힌두교를 합친 종교예요 - **시크교**
176 신도는 일본의 전통 종교예요 - **신도**
178 사람이 곧 하늘이예요 - **동학**
180 우리나라가 어려울 때 민족 종교들이 생겨났어요 - **대종교와 원불교**

182 부록 - 지도로 보는 세계 종교 분포

종교는 인류의 역사와 함께 변해 왔습니다. 자연의 힘을 두려워하던 옛날 사람들은 동물, 식물, 하늘 등을 섬겼지요. 그리고 종교는 이집트 신화, 그리스 로마 신화 등 다양한 이야기를 만들어 냈어요. 원시 종교는 왜 생겼고, 어떠한 형태였는지 살펴볼까요?

1장
옛날에는 이런 종교가 있었대요

- 종교의 기원
- 원시 종교
- 신화의 탄생
- 그리스 로마 신화
- 종교와 정치
- 전통 신앙

종교의 기원

종교는 왜 생겨난 걸까요?

　아스텍은 1300년경부터 1521년까지 지금의 멕시코 지역을 다스리던 거대한 나라예요.

　아스텍 제국의 수도, 테노치티틀란에는 커다란 돌로 높게 쌓은 제단이 있었어요. 어느 날 제단 주위에 수많은 사람들이 모였어요. 제단 주변은 꽃으로 장식되어 있고, 노래가 울려 퍼지고 많은 사람들이 춤을 추었어요. 제단 위에는 사람들이 누워 있었고, 제단 밑으로는 수많은 사람들이 줄지어 있었지요.

그 사람들은 모두 벌벌 떨고 있었어요.

잠시 후, 화려한 옷을 차려 입은 사람이 나타났어요. 그는 칼로 누워 있는 사람의 가슴 중앙을 찔러 심장을 꺼내 들었어요.

"생명의 원천인 피와 심장을 바칩니다. 이 피와 심장을 받아 주십시오!"

제단 위에 누워 있던 다른 사람들 또한 모즈리 심장을 빼앗겨 죽임을 당했어요. 제단 아래 줄지어 있던 사람들의 운명 또한 마찬가지였지요. 수백, 수천 명의 사람들이 한꺼번에 목숨을 잃었어요.

제단 주변에 모여 있던 사람들은 엄숙하고 경건하게 그 모습을 지켜봤어요. 기도를 올리는 사람도 있었지요.

아스텍에서 이렇게 잔인하고 끔찍하게 사람들을 죽인 것은 바로 종교 의식이었어요. 아스텍 사람들은 태양신을 숭배했는데, 태양을 날마다 떠오르게 하기 위해서는 태양신에게 사람 심장에서 나오는 피를 바쳐야 한다고 생각했지요. 그 피를 바치지 않으면 태양이 떠오르지 않아 세상이 어둠에 잠기고 멸망한다고 믿었던 거예요.

과학이 발달하지 못했던 옛날에는 자연 현상 자체가 두려움의 대상이었어요. 천둥과 번개, 폭풍, 화산 폭발 등의 자연 현상뿐만 아니라 맹수들의 습격이나 질병, 죽음 등도 두려워했지요. 이런 두려움은 먼 옛날로 거슬러 올라갈수록 더 컸어요. 사람들은 두려움을 이겨 내고 안정된 삶을 살기를 바랐어요. 그래서 거대한 자연, 혹은 인간보다 강한 힘을 가진 존재에게 자신을 지켜 달라고 빌었지요. 이런 과정에서 자연스럽게 종교가 생겨났어요.

원시 종교
먼 옛날에는 동물, 태양, 하늘을 섬겼대요

　1868년, 스페인 북부의 어느 마을에서 한 사냥꾼이 사냥을 하다가 신기한 동굴을 발견했어요. 동굴 안에는 불을 피운 흔적이 있고, 짐승의 뼈가 쌓여 있었지요. 예사롭지 않은 느낌이 들었어요.

　이 동굴에 대한 소문은 아마추어 고고학자인 마르셀리노 데 사우투올라의 귀에 들어갔어요. 그는 곧바로 동굴을 찾아가 짐승 뼈와 부싯돌 등을 발견했어요. 하지만 별다른 특이점을 찾지는 못했어요. 그로부터 11년 후인 1879

년, 다섯 살배기 딸 마리아와 함께 그 동굴을 다시 찾아갔지요. 아버지가 유물을 찾는 동안 마리아는 횃불을 들고 신이 나서 이곳저곳을 돌아다녔어요.

"아빠, 여기 좀 보세요. 여기 들소가 있어요! 사슴도 있고, 말도 있고, 멧돼지도 있어요. 얼른 와 보세요."

사우투올라는 딸이 있는 곳으로 가 보았어요. 딸은 천장을 가리켰어요. 동굴 천장에는 여러 동물 그림으로 가득 차 있었어요. 세계적으로 유명한 알타미라 동굴의 벽화가 발견된 순간이었지요.

이 벽화는 약 1만 1,000년~1만 7,000년 전, 구석기 시대 사람들이 그린 것으로 밝혀졌어요. 알타미라 동굴 말고도 스페인과 프랑스의 여러 동굴에서 구석기 시대 사람들이 그린 동물 그림들이 발견되었지요.

구석기 시대 사람들에게 동물 그림은 종교적인 상징물이었어요. 당시 사람들은 사람뿐만 아니라 동물에게도 영혼이 있다고 믿었지요. 그래서 동굴 벽에 동물 그림을 그려서 동물의 영혼을 달래거나, 그림을 통해서 동물의 영혼을 제압하려고 했어요. 동굴에 그려진 그림에는 창에 긁히거나 파인 흔적들을 종종 볼 수 있는데, 당시 사람들은 창을 던져 그림 속 동물의 영혼을 제압하면 실제로 그 동물을 잡을 수 있다고 믿었던 것이지요.

이렇듯 원시 종교는 눈에 보이지 않는 영혼이 있다는 믿음에서 탄생했어요. 선사 시대 사람들은 동물이나 식물을 신처럼 숭배했는데, 이를 '토테미즘'이라고 해요. 때로는 하늘, 강, 커다란 나무나 돌까지도 숭배의 대상이 되었어요. 이처럼 자연의 모든 사물에 영혼이 있다고 믿는 것을 '애니미즘'이라고 해요. 무당과 같은 주술사가 주술을 이용해서 영혼들을 달래거나 지배하려 했던 '샤머니즘'도 있었어요.

신화의 탄생

신화는 어떻게 만들어졌나요?

아득한 옛날, 하늘과 땅이 따로 떨어지지 않았을 때, 세상은 혼돈과 암흑으로 가득 찬 커다란 계란 모양이었어요. 그 안에서 오랜 시간 잠을 자던 거인 반고가 잠에서 깨어났어요.

"왜 이렇게 어둡고 답답한 거지?"

반고는 도끼를 가져와 휘둘렀어요. 그러자 거대한 세상은 조각조각이 나 가벼운 조각은 위로 올라가 하늘이 되었고, 무거운 조각은 아래로 내려와 땅이 되었어요. 그런데 하늘과 땅으로 완전히 갈라지지 않은 곳들도 많았어요. 반고는 그런 곳을 찾아다니며 하늘과 땅을 떼어 놓았어요. 그리고 발로 땅을 다지고 하늘을 더 높이 밀어 올렸어요. 1만 8,000년이라는 긴 세월이 흐르자 마침내 하늘은 지극히 높아졌고, 땅도 단단해졌어요.

"드디어 하늘과 땅이 완벽하게 나뉘었군. 더 이상 붙을 염려가 없겠어."

하늘과 땅 사이의 거리가 약 4만 5,000킬로미터에 달했을 때, 반고는 숨을 거두었어요. 숨질 때 그가 내쉰 숨은 바람과 구름이 되었고, 오른쪽 눈은 달, 왼쪽 눈은 태양이 되었어요. 피부와 살은 비옥한 밭, 머리카락과 수염은 수많은 별들, 땀은 비와 이슬, 피는 강으로 변했어요.

이 이야기는 중국에서 전해지는 반고 신화예요. 이 신화는 하늘과 땅, 이 세상이 맨 처음 어떻게 만들어졌는지에 대해서 이야기하고 있어요.

먼 옛날 사람들은 자연과 세계를 두려워했지만 시간이 흐르면서 두려움은 호기심으로 변했어요. 이 세상은 어떻게 만들어졌는지, 사람은 어떻게 생겨났는지, 폭풍은 왜 몰아치는지 등 다양한 궁금증들이 생겼고, 이 모든 것을 만들어 내는 신들이 있다고 생각하게 되었어요. 그래서 신들의 이야기인 '신화'가 탄생했지요. 이집트, 메소포타미아, 그리스, 중국, 인도, 아메리카, 북유럽 등 다양한 지역에서 신화가 탄생했고, 각각의 신화는 비슷하면서도, 그 지역만의 개성을 지니기도 했지요.

오늘날에는 세상이 언제 어떻게 만들어졌고, 자연 현상이 벌어지는 이유가 무엇인지를 과학적으로 찾아 밝히지요. 하지만 옛날 사람들은 신화를 통해서 그 이유를 설명하려 했고, 교훈도 전했어요.

그러면서 신화는 종교의 역할을 담당하게 되었지요.

그리스 로마 신화

보통 사람과 비슷한 신들이 있었어요

　프티아의 왕 펠레우스와 바다의 여신인 테티스의 결혼식 날이었어요. 제우스를 비롯한 모든 신들은 결혼식에 초대받아 파티를 즐겼어요. 하지만 불화의 여신 에리스는 결혼식에 초대받지 못했어요.

　"흥, 나만 빼놓았단 말이지. 내가 가만있을 줄 알고! 결혼식을 망쳐 주지."

　화가 난 에리스는 황금 사과 하나를 결혼식장에 던졌어요. 황금 사과에는 '가장 아름다운 여신에게 드립니다.'라는 문구가 쓰여 있었어요. 제우스의 아내 헤라, 지혜와 전쟁의 여신 아테나, 아름다움의 여신 아프로디테는 황금 사과의 주인이 자기라고 우겼어요. 주변에 있던 신들과 사람들도 편을 갈라 싸우기 시작했어요. 결국 결혼식이 엉망이 되자 제우스가 나섰어요.

"이러다 끝이 없겠소. 트로이의 왕자 파리스에게 가서 결론을 냅시다."

파리스를 찾아간 세 여신은 파리스에게 잘 보이려고 선물을 하나씩 주겠다고 했어요. 아테나는 전쟁에서 승리하는 힘을, 헤라는 넓은 땅과 권력을, 아프로디테는 가장 아름다운 여인을 아내로 삼게 해 주겠다고 했어요.

결국 황금 사과는 아프로디테의 차지가 되었고, 그녀는 약속대로 파리스에게 가장 아름다운 여인을 아내로 삼게 해 주었어요. 그 여인은 스파르타의 왕비인 헬레네였지요. 그러자 왕비를 빼앗긴 스파르타 왕은 군대를 이끌고 트로이로 쳐들어왔어요. 이렇게 해서 트로이 전쟁이 일어났어요.

이 이야기는 그리스 로마 신화에 나오는 내용이에요. 신화는 사람들의 상상으로 만들어진 이야기이지만, 트로이 전쟁은 실제로 있었던 사건이에요. 그리스 로마 신화는 실제 있었던 일에 다양한 상상을 덧붙여 신화로 풀어냈지요.

그리스 로마 신화에 나오는 신들은 다른 종교의 신들과는 사뭇 달라요. 세상 모든 이치를 다 알고, 어마어마한 능력이 있고, 훌륭한 인품을 가진 신이 아니에요. 보통 사람처럼 사랑하고, 질투하고, 싸우고, 실수도 하고, 사람과 결혼도 하지요. 이는 그리스 인들이 다른 민족보다 자유분방하고, 인간 중심적인 사고를 했기 때문이라고 해요.

종교와 정치
고대 이집트에서는 파라오가 신이었어요

　세상이 맨 처음 생겨났을 때 어둡고 고요한 물만 있었어요. 물에서 연꽃 하나가 피어나고 그 속에서 '라'가 태어났어요. 라는 태양이 되어 아침에 동쪽에서 떠올라 저녁이 되면 다시 연꽃으로 돌아갔어요. 라가 태어나면서 세상에는 빛이 생겨났어요.
　"세상에 아무것도 없으니 쓸쓸하군."
　라가 입에서 바람을 뿜어내자 공기와 바람의 신 '슈'가 태어났어요. 라가

침을 뱉자 비의 신 '테프누트'가 만들어졌어요. 슈와 테프누트는 결혼을 해서 땅의 신 '게브'와 하늘의 신 '누트'를 낳았어요. 게브는 물에서 솟아올라 단단한 땅이 되었고 누트는 하늘이 되었어요.

"땅이 너무 황량하군. 땅을 아름답게 만들어야겠어."

라는 풀과 나무를 만들어 아름다운 꽃을 피게 하고, 향기로운 열매를 맺게 했어요. 온갖 짐승을 만들고 하나하나 이름을 지어 주었어요. 그리고 마지막으로 사람을 만들었어요. 나일 강을 만들어 그 근처에 사람들을 살게 했어요. 그런데 사람들은 제멋대로 살기 시작했어요. 라는 그 모습이 마음에 들지 않았지요.

"안 되겠어. 내가 직접 인간의 모습으로 내려가 사람들을 다스려야겠어."

라는 땅으로 내려와 사람들을 다스렸고, 이집트 최초의 왕이 되었어요.

이집트에서는 왕인 파라오를 태양신 라의 분신, 혹은 라의 자식으로 여겼어요. 라가 최초의 이집트 왕이었기 때문이지요. 파라오는 신들의 왕인 동시에 백성들의 왕이었어요. 따라서 그의 명령은 신의 명령이나 다름없었지요. 파라오에 대한 반역은 곧 신들을 배반하는 일이고 신들이 세운 질서를 거역하는 것이었기 때문에 백성들은 반역을 일으킬 수도 없었어요.

고대 이집트뿐만 아니라 여러 나라에서 왕은 신의 대리자 혹은 신이 보낸 사람이라고 주장했어요. 중국에서는 황제를 하늘의 아들이라는 뜻으로 '천자'라고 했고, 18세기 유럽에서는 왕의 권력은 신이 내려 준다고 했고, 일본에서는 천황을 신의 후손이라고 주장했지요.

이처럼 지배자들은 오랜 기간 동안 신화와 종교를 이용해서 권력을 유지하고 강화하려고 했어요. 신화와 종교가 권력을 위해 쓰인 거예요.

전통 신앙
먼 옛날 우리나라에는 이런 종교들이 있었대요

먼 옛날, 하늘나라의 임금인 환인에게는 환웅이라는 아들이 있었어요. 환웅은 땅으로 내려가 인간 세상을 다스리고 싶어 했어요. 환인은 환웅에게 인간 세상에 내려갈 것을 허락했어요.

환웅은 비, 바람, 구름을 다스리는 신하와 자신을 따르는 무리 3,000여 명을 이끌고 태백산으로 내려왔지요. 환웅은 그곳을 신시라고 이름 붙이고 다스렸어요.

그러던 어느 날, 곰과 호랑이가 환웅을 찾아와 사람이 되게 해 달라고 빌었어요. 환웅은 곰과 호랑이에게 쑥과 마늘을 주면서 말했어요.

"이것을 먹으며 100일 동안 햇빛을 보지 않으면 사람이 될 수 있다."

곰과 호랑이는 쑥과 마늘을 들고 동굴로 들어갔어요. 호랑이는 참지 못하고 며칠 만에 동굴을 뛰쳐나갔지만 곰은 견디다가 21일 만에 여인이 되었어요. 환웅은 그 여인과 결혼해 아들을 낳았지요. 그 아들이 바로 고조선을 세운 단군왕검이에요.

단군 신화를 자세히 살펴보면 먼 옛날 우리 조상들이 어떤 종교를 믿었는지 알 수 있어요. 환웅이 하늘에서 내려왔다는 것에서 하늘 숭배 사상을 엿볼 수 있어요. 당시 우리나라는 농업을 중시하는 사회였는데, 농사를 잘 짓기 위해서는 비, 바람, 구름이 만들어 내는 날씨가 중요해요. 우리 조상들은 하늘이 날씨를 다스린다고 믿었기 때문에 하늘을 숭배했지요.

곰과 호랑이 이야기를 통해 고조선이 세워질 당시 각 부족은 토테미즘 신앙을 믿었다는 것을 알 수 있어요. 곰과 호랑이는 각각 곰을 숭배하는 부족과 호랑이를 숭배하는 부족을 뜻해요. 환웅이 곰이었던 여인과 결혼했다는 것은 곰을 섬기는 부족과 통합했다는 의미이고, 호랑이가 도망쳤다는 것은 호랑이를 섬기는 부족은 떨어져 나갔다는 의미예요.

또한 단군왕검의 '단군'은 인간의 뜻을 하늘에 전하기 위해 제사를 지내는 제사장을 뜻하고 '왕검'은 정치적 지도자를 뜻해요. 단군왕검은 제사장인 동시에 정치적 지도자였지요. 단군이 제사장이라는 말은 샤머니즘적 요소가 있다는 것을 뜻해요.

유대교는 이스라엘을 세운 유대 인들이 믿는 종교예요. 아브라함의 후손인 유대 인은 스스로 하나님에게 선택받은 민족이라고 생각하며, 《구약 성경》을 경전으로 받들지요. 유대교를 믿는 사람 수는 많지 않지만, 여기에서 기독교와 이슬람교가 갈라져 나왔으니 중요한 종교예요.

2장
기독교와 이슬람의 뿌리, 유대교

- 유대교의 특징
- 유대교의 시작
- 이스라엘 민족의 탄생
- 출애굽
- 십계명
- 이스라엘 왕국
- 유대 인
- 《구약 성경》
- 통곡의 벽
- 《탈무드》
- 안식일
- 이스라엘 - 팔레스타인 분쟁

유대교의 특징

유대교는 유대 인들의 역사와 함께해 왔어요

유대교를 공부해 온 김산호 씨는 랍비(유대교 지도자)를 찾아가 말했어요.

"저는 유대교인이 되고 싶습니다. 안식일을 철저히 지키겠습니다. 안식일에는 절대로 일을 하지 않고 성경을 읽고 예배를 드리겠습니다. 유대 인들이 먹지 말아야 할 음식도 먹지 않겠습니다. 돼지고기, 토끼고기, 가재, 새우는 절대로 먹지 않겠습니다. 또 우유와 고기를 섞어 먹지도 않겠습니다."

김산호 씨는 간절하게 말했지만 랍비는 말이 없었어요.

"여호와를 유일한 신으로 믿고, 여호와가 내린 율법을 지키겠습니다!"

마침내 랍비가 조용히 물었어요.

"혹시 당신 어머니나 아버지가 유대 인인가요?"

"아니요. 저희 부모님은 모두 한국인인데요."

대답을 들은 랍비는 난처한 표정을 지으며 고민에 빠졌어요. 유대교를 믿고, 율법에 따른다고 해서 모두 유대교인이 되는 건 아니거든요.

유대 인이 아니더라도 유대교인이 될 수는 있지만 그 과정은 무척이나 까다로워요. 랍비로부터 교육을 받고, 율법을 철저히 지켜야 하지요.

유대교는 천지 만물의 창조주이자 유일신인 '야훼'를 믿어요. 야훼는 '여호와'라고 발음하기도 해요. 그런데 유대교에서는 야훼의 이름을 함부로 부르지 못하기 때문에 주님, 또는 신이라고 불러요. 이것을 우리말로 번역하면 '하나님', 또는 '하느님'이지요.

유대교는 유대 인의 역사와 함께해 온 종교예요. 유대교의 경전은 《구약 성경》인데, 《구약 성경》은 유대 인의 조상인 아브라함부터 시작된 유대 인의 역사를 기록한 책이라고 할 수 있어요.

현재 유대교를 믿는 사람은 세계에 약 1,500만 명으로 세계 종교 인구 가운데 0.2퍼센트 정도를 차지해요. 유대교를 믿는 사람들은 적지만 유대교는 기독교와 이슬람교의 뿌리가 되는 아주 중요한 종교예요.

유대교의 시작
유대교의 역사는 아브라함으로부터 시작되었대요

아브라함은 갈대아 지방의 우르(지금의 시리아와 이라크가 있는 지역)라는 도시에서 살았어요. 어느 날, 하나님이 아브라함에게 나타나 말했어요.

"네가 살고 있는 땅과 너의 집을 떠나서, 가나안 땅으로 가거라. 내가 너로 하여금 큰 민족을 이루게 하겠다. 너는 복의 근원이 될 것이다."

아브라함은 하나님의 말을 따라 길을 떠났어요. 아브라함이 가나안 땅(오늘날 팔레스타인 지역)에 이르렀을 때, 하나님은 이런 약속을 했어요.

"내가 이 땅을 네 자손에게 주겠다. 네 자손은 셀 수 없이 많아질 것이다. 나는 너와 네 후손들을 지키는 신이 될 것이다. 이것은 영원한 약속이다."

하지만 아브라함에게는 자식이 한 명도 없었어요. 부인인 사라는 늙어서 아기를 낳을 수도 없었어요. 사라는 어쩔 수 없이 하녀인 하갈에게 아브라함의 아이를 낳게 했어요. 하갈이 낳은 아이는 이스마엘이에요.

"내가 이스마엘에게 복을 주어 그의 자손이 크게 불어나게 하고 큰 나라를 이루게 할 것이다. 하지만 내가 영원한 약속을 맺을 사람은 이스마엘이 아니다. 네 아내 사라가 아들을 낳을 것이니 그의 이름을 이삭이라고 하라."

"저는 이미 백 살이고 사라는 아흔 살입니다. 그런데 어찌 아들을 낳는단 말씀입니까?"

"나는 모든 것을 할 수 있다."

하나님의 말대로 얼마 후 사라는 아들 이삭을 낳았어요.

유대 인들은 아브라함을 자신들의 조상이라고 믿어요. 아브라함의 자손들이 유대 민족이 되었다는 거예요. 그리고 아브라함에서 시작된 유대 인들의 종교가 바로 유대교예요.

지금도 유대 인들은 스스로가 하나님에게 선택받은 민족이라고 생각해요. 하나님이 아브라함을 선택했고, 아브라함의 후손들인 자신들을 지켜 주겠다고 약속했기 때문이지요.

📖 아브라함은 이슬람교의 조상이기도 해요

유대 민족뿐만 아니라 이슬람교를 믿는 아랍 민족도 아브라함을 자신들의 조상이라고 생각해요. 아브라함과 하녀 하갈 사이에서 태어난 이스마엘은 훗날 아랍 민족의 시조가 되었다고 해요.

이스라엘 민족의 탄생

이스라엘이라는 말은 어떻게 생겨났나요?

　아브라함의 아들 이삭은 야곱을 낳았고, 야곱은 열두 명의 아들을 낳았어요. 야곱의 아들 가운데 열한째 아들인 요셉은 착하고 똑똑해서 야곱의 사랑을 듬뿍 받았어요. 그러자 형들은 아버지의 사랑을 독차지한 요셉을 미워했지요.

　그러던 어느 날 요셉은 부모와 형들이 자기에게 절을 하는 꿈을 꾸었어요. 그 꿈에 대해 이야기하자 형들은 분노에 휩싸였어요.

"절을 한다고? 요셉이 점점 우리를 무시하네. 차라리 녀석을 죽이자."
"요셉은 우리 형제야. 죽일 수는 없어. 차라리 노예로 팔아 버리자."
형제들은 요셉을 이집트 장사꾼에게 팔아 버리고 아버지에게는 요셉이 짐승에게 잡아먹혔다고 거짓말을 했어요.

이집트로 팔려 간 요셉은 노예가 되었어요. 많은 고난을 겪었지만 모두 이겨 내고 이집트 왕의 신임을 받았어요. 결국 요셉은 왕 다음으로 높은 벼슬인 이집트의 총리 자리에 올랐지요.

요셉이 총리가 되었을 즈음에 이집트와 주변 나라에 큰 흉년이 들었어요. 오랜 시간 흉년이 계속되자 수많은 사람들이 굶주림에 시달렸지요. 하지만 이집트는 상황이 달랐어요. 요셉이 흉년이 올 것을 예상하고 각 성의 창고에 곡식들을 가득 쌓아 두었거든요.

다른 나라 사람들이 이 소문을 듣고 이집트로 곡식을 사러 왔어요. 그들 중에는 요셉의 형제들도 있었지요. 오랜 세월이 지난 뒤였지만 요셉은 형제를 알아봤고, 그들을 용서해 주었어요. 그리고 아버지 야곱과 형제들을 모두 이집트로 데리고 왔어요.

훗날 야곱의 아들들은 자식들을 많이 낳았고, 그 자식들도 자식을 낳아 야곱의 자손들은 아주 많아졌어요. 이집트 사람들은 그들을 '이스라엘 민족'이라고 불렀어요. 이스라엘은 야곱의 다른 이름이었거든요.

이스라엘은 야곱 한 사람의 이름이기도 하지만 동시에 그의 후손인 민족 전체를 가리키는 말로 쓰여요. 훗날 이스라엘 민족이 이집트를 탈출해서 나라를 만들었을 때 나라 이름을 이스라엘이라고 지었어요. 지금까지도 이스라엘이라는 이름이 사용되고 있어요.

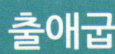

모세가 기적을 일으켰어요

야곱과 그의 아들들이 이집트로 간 지 400여 년의 시간이 흘렀어요. 긴 세월이 흐르는 동안 이스라엘 민족들은 이집트의 노예 신세가 되고 말았어요.

모세는 자기 민족들이 학대당하며 고된 노동에 시달리는 것에 분개했어요. 그때 하나님이 모세를 불렀지요.

"모세야! 나는 아브라함의 하나님이자 이삭의 하나님, 야곱의 하나님이다. 너는 나의 백성인 이스라엘 민족들을 이집트에서 이끌어 내야 한다!"

"제가 무슨 힘이 있어 그들을 이집트에서 이끌어 낸단 말입니까?"

"내가 너와 함께할 것이다. 내가 너에게 큰 능력을 주겠다."

모세는 하나님의 명령을 듣고서 이집트 왕에게 이스라엘 자손들을 데리고 떠나겠다고 했지만 왕은 허락하지 않았어요. 하나님이 이집트에 온갖 재앙을 내렸는데도 왕은 꿈쩍하지 않았지요. 그러자 다시 하나님이 경고했어요.

"이집트의 맏아들이 모두 죽을 것이다."

정말로 왕의 맏아들부터 종의 맏아들까지 이집트의 모든 맏아들이 죽었어요. 비로소 이집트 왕은 이스라엘 민족들을 놓아주었어요. 하지만 얼마 지나지 않아 그 많은 노예들을 풀어 준 것이 아까웠어요. 그래서 군사들을 보내어 그들을 뒤쫓게 했어요.

모세와 이스라엘 민족들은 도망가다가 바닷가에 이르렀어요. 바다가 그들을 가로막고 있어 더 이상 갈 수 없었지요. 그때 하나님이 모세에게 말했어요.

"지팡이를 들어라. 그리고 이스라엘 민족들을 데리고 앞으로 나아가라!"

모세가 지팡이를 들자 바닷물이 양쪽으로 갈라지고 단단한 땅이 드러났어요. 이스라엘 민족들은 무사히 이집트를 빠져나왔답니다.

이 사건을 '출애굽'이라고 해요. '애굽'은 '이집트'를 이르는 말이고, '출애굽'은 '이집트에서 탈출했다'는 뜻이지요.

출애굽은 이집트 역사에는 기록이 없고 《성경》에만 기록되어 있는데, 유대교와 기독교에서 중요한 의미가 있는 사건이어요. 이집트의 노예에 불과했던 사람들이 출애굽을 겪으면서 '이스라엘 민족'이라는 정체성을 찾게 되었어요. 또 자신들이 하나님에게 선택받은 민족이라는 의식이 더욱 강해졌어요.

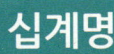

꼭 지켜야 할 열 가지 계율이 내려졌어요

이스라엘 민족들이 이집트를 떠난 지 세 달이 지났을 때, 시나이 산 밑에 이르렀어요. 모세가 시나이 산으로 올라오자 하나님이 말했어요.

"너희는 내가 선택한 백성이 되고, 너희는 거룩한 민족이 될 것이다."

하나님은 모세에게 자신은 이스라엘 백성들을 특별한 존재로 생각하며, 이것을 그들에게 전하라는 명령을 내렸어요. 그리고 그들이 지켜야 할 수백 가지의 율법을 알려 주었어요. 그중에서도 특히 중요한 열 가지가 바로 십계명이에요. 하나님은 이 십계명을 두 개의 돌판에 새겨 주었어요.

1. 내 앞에서 다른 신을 섬기지 말라.
2. 우상을 섬기지 말라.
3. 하나님의 이름을 함부로 부르지 말라.
4. 안식일을 거룩하게 지키라. 너희는 엿새 동안 모든 일을 힘써 하라.
5. 부모를 공경하라.
6. 살인하지 말라.
7. 간음하지 말라.
8. 도둑질하지 말라.
9. 거짓말하지 말라.
10. 이웃의 재산을 탐내지 말라.

십계명은 유대교에서 가장 중요한 율법이에요. 십계명의 첫 번째는 하나님 말고 다른 신을 섬기지 말라는 계명이에요. 이는 유대교가 유일신 종교, 즉 세상에 진정한 신은 오직 하나이며 다른 신은 모두 거짓으로 여기는 종교라는 것을 의미해요. 유대교의 유일신 사상은 이후 기독교와 이슬람교에도 그대로 전해졌지요.

십계명은 오늘날 유대교와 기독교인들의 중요한 생활 규범이 되고 있어요. 유대교의 모든 율법은 십계명을 기초로 해서 이루졌답니다.

이스라엘 왕국이 세워졌어요

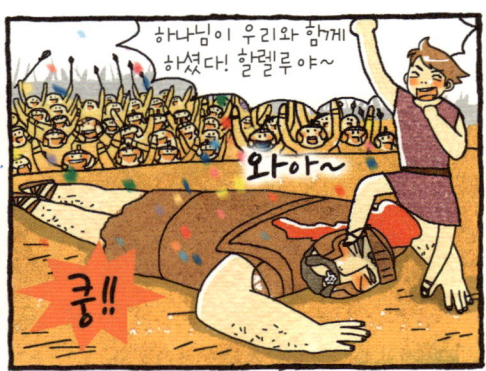

　이스라엘 민족은 이집트에서 나와 가나안 땅으로 갔어요. 그러나 그곳에는 이미 다른 나라들이 차지하고 있었어요. 이스라엘은 가나안 땅을 차지하기 위해서 주변 나라들과 전쟁을 치러야 했어요. 여러 나라 가운데 특히 블레셋은 힘이 강했어요. 철로 만든 강력한 무기와 말이 끄는 전차를 가졌으며, 골리앗이라는 거인 장수가 있었어요.

　"이스라엘 겁쟁이들아! 나한테 이길 사람이 있으면 누구든지 앞으로 나와!

일대일로 싸워서 지는 쪽이 노예가 되도록 하자!"

골리앗은 이스라엘 군대를 조롱했어요. 하지만 이스라엘 군사들은 겁이 나서 아무도 나서지 못했어요. 그때 한 소년이 나섰어요. 소년은 갑옷은커녕 무기조차 없었지요.

"뭐냐? 꼬맹이가 나와 싸우겠다고?"

"너는 칼과 창을 들고 나왔지만 나는 하나님의 이름으로 나왔다! 내가 너를 이겨 온 세상에 이스라엘의 하나님을 알리겠다."

소년은 큰 소리로 외쳤어요. 화가 난 골리앗은 소년에게 달려들었어요. 소년은 재빨리 주머니에서 돌을 꺼내 기다란 끈으로 빙빙 돌리다가 돌을 날렸어요. 돌은 골리앗의 이마에 정통으로 맞았고 골리앗은 그대로 땅바닥에 쓰러졌어요. 골리앗이 쓰러지자 블레셋 군사들은 어찌할지 몰라 허둥대다가 도망가기 바빴지요. 결국 이 전쟁은 이스라엘의 큰 승리로 끝났어요.

골리앗을 쓰러뜨린 소년의 이름은 다윗이랍니다.

이스라엘은 이집트에서 나온 후 200여 년 동안 왕 없이 지냈어요. 그러다 보니 의견이 모아지지 않아 전쟁을 제대로 치를 수 없었어요. 결국 사울을 이스라엘의 첫 왕으로 세웠고, 다윗이 그 뒤를 이었어요.

기원전 1000년 무렵에 왕이 된 다윗은 가나안 땅을 통일하고 이스라엘의 수도를 예루살렘으로 정했어요. 또 주변 나라들을 무찌르고 영토를 크게 넓혔지요. 떠돌이 신세였던 이스라엘을 강력한 왕국으로 키운 거예요.

이스라엘은 다윗 왕 때에 이르러서야 진정한 해방을 이룰 수 있었지요. 그래서 훗날 이스라엘이 나라를 잃고 억압받을 때 다윗의 자손 중에서 이스라엘을 구원할 메시아가 나올 것이라고 믿는 사람이 많았어요.

유대 인

이스라엘이 둘로 나뉘면서 유대 인이라는 말이 생겨났대요

어느 날, 두 여인이 이스라엘의 왕을 찾아왔어요.

"우리 두 사람은 같은 집에 살았고, 비슷한 때에 아기를 낳았습니다. 그런데 어느 날 저 여자의 아기가 죽었습니다. 아기를 잃은 저 여자는 제 아기를 몰래 데려가 자기 아기라고 우기고 있습니다."

"아닙니다. 저 아기는 분명 제 아기입니다. 저 여자가 거짓말을 하는 것입니다."

왕은 여러 번 물었지만 여인들은 서로 자기 아기라고 우겼어요. 누가 거짓말을 하는지 알 수 없었지요. 왕은 잠시 생각을 하더니 신하에게 말했어요.

"둘 다 자기 아기라고 우기니 아기를 둘로 나누어 두 여자에게 주어라!"

신하는 칼을 빼어 들고 아기에게 다가갔어요. 그러자 한 여자는 그렇게 해 달라고 했고, 다른 여자는 울면서 소리쳤어요.

"안 됩니다! 아기를 저 여자에게 주세요. 제발 아기를 죽이지 마세요."

왕은 그럴 줄 알았다는 듯이 흐뭇한 미소를 지으며 말했어요.

"멈추어라! 아기를 죽이지 말고 울고 있는 저 여자에게 주어라. 아기가 죽는 것을 슬퍼하는 그가 아기의 진짜 어머니다."

이렇게 지혜로운 판결을 내린 이스라엘의 왕이 바로 솔로몬이에요. 이 이야기는 솔로몬의 지혜가 잘 드러난 유명한 일화이지요.

솔로몬은 다윗의 아들로 다윗의 뒤를 이어 이스라엘의 왕이 되었어요. 솔로몬은 흔히 지혜로운 왕으로 알려져 있지만 사실 정치를 잘하지는 못했어요. 무리하게 대규모 건설 사업을 벌였고 사치스러운 생활을 일삼았지요. 백성들은 무거운 세금에 허덕였고 억지로 끌려 나가 일을 해야 했어요. 이 때문에 솔로몬을 원망하는 백성들이 많았고, 반대하는 세력이 커져 갔어요.

솔로몬이 죽자 끝내 이스라엘은 남과 북으로 갈라졌어요. 솔로몬을 반대하던 무리들은 북쪽에 따로 이스라엘 왕국을 세웠어요. 반대편은 남쪽에 유대 왕국을 세웠지요. 그런데 북쪽 이스라엘은 200여 년 후 아시리아의 침입을 받아 멸망하고 말았어요. 이스라엘은 사라지고 남쪽의 유대 왕국만 남게 되었지요. 이때부터 이스라엘 민족이라는 말 대신 유대 인이라는 말이 쓰이게 되었어요.

《구약 성경》
유대교의 주요 경전인 《구약 성경》이 만들어졌어요

 북쪽 이스라엘이 멸망한 지 250여 년 후, 남쪽 유대 왕국 또한 바빌로니아의 침입을 받았어요. 유대 왕국의 수도인 예루살렘의 성벽이 무너지고 왕궁은 불탔으며 예루살렘 성전이 파괴되었어요. 왕족, 귀족, 성직자 등 많은 유대 인들이 바빌로니아로 끌려갔어요.

 유대 인들은 큰 충격을 받았어요.

 "우리를 이끌어 주신 하나님은 어디 있는가? 이스라엘을 영원히 지켜 주신다고 약속하신 그분은 어디로 갔단 말인가?"

유대 인들이 절망에 빠져 있을 때, 예언자들이 나서서 외쳤어요.

"하나님은 자신이 내린 율법을 지키면 우리를 지켜 주신다고 약속하셨다. 그런데 우리는 하나님의 율법을 지키지 않았다. 그 벌로 이런 고난을 받는 것이다. 율법을 지켜야 한다."

사람들은 율법을 지키면 고향으로 돌아갈 수 있다고 믿었어요.

그런데 뜻밖에도 바빌로니아가 이웃한 나라 페르시아에 의해 멸망하는 일이 벌어졌어요. 바빌로니아를 무너뜨린 페르시아는 기원전 538년에 유대 인들을 고향으로 돌려보내 주었어요.

고향으로 돌아온 유대 인은 무너진 성전을 다시 세웠어요. 그리고 자신들의 종교와 역사를 책으로 정리하기 시작했어요. 이때 페르시아의 종교였던 조로아스터교의 영향을 많이 받았어요. 조로아스터교는 세계 창조, 선과 악의 대결, 천국과 지옥, 세상의 끝 등 뛰어난 신학적 체계를 가지고 있었어요. 유대 인들은 조로아스터교의 영향을 받아 유대교의 교리와 사상을 발전시켰어요. 더불어 《구약 성경》의 많은 부분이 이때 만들어졌어요.

기독교의 대표 경전인 《성경》은 《구약 성경》과 《신약 성경》으로 나뉘는데, 예수가 태어나기 이전에 쓰인 것이 《구약 성경》이에요. 따라서 《구약 성경》은 유대교의 경전인 동시에 기독교의 경전이기도 하지요.

《구약 성경》에는 세상이 처음 생긴 이야기와 유대 민족의 역사가 자세히 나와 있어요. 또 유대 인들이 지켜야 할 율법이 자세히 나와 있지요.

통곡의 벽
유대 인들의 수난은 계속되었어요

바빌로니아의 통치로부터 풀려났지만 이스라엘의 수난은 끝난 것이 아니었어요. 기원전 333년에 알렉산더 대왕의 침입을 받아 그리스의 지배를 받았고, 기원전 63년에는 로마의 식민지가 되었어요. 유대 인들의 고통은 이만저만이 아니었어요.

"아브라함에게 우리 민족을 지켜 주신다고 약속하신 하나님, 모세를 보내 우리 조상들을 이집트에서 이끌어 내신 하나님, 우리를 고통에서 벗어나게 해 주십시오."

"우리를 구해 줄 메시아를 보내 주십시오."

유대 인들은 메시아를 간절히 기다렸어요. 메시아란 고통에서 구해 줄 '구세주'란 뜻이에요. 메시아를 그리스 어로는 '그리스도'라고 해요.

스스로 메시아라고 주장하는 사람들이 여러 명 나타나기도 했어요. 예수가 활동을 하던 시기도 그 무렵이었어요. 예수를 믿고 따르던 사람들은 예수를 메시아라고 생각했어요. 그래서 그를 '예수 그리스도'라고 불렀어요. 하지만 대다수 유대 인들은 예수를 메시아라고 생각하지 않았어요.

"메시아를 기다릴 것이 아니라 우리 스스로 로마와 싸워 해방을 이루자!"

유대 인 중 일부는 66년에 로마에 대항해 반란을 일으켰어요. 로마는 군대를 보내 이들을 무자비하게 진압했어요.

로마는 더 나아가 유대 인들의 정치와 종교의 중심인 예루살렘 성전도 서쪽 벽 일부만 남기고 완전히 파괴해 버렸어요. 그리고 성전이 있던 곳에 그리스 로마의 신인 제우스를 위한 신전을 세웠지요. 유대 인들이 저항하자 로마는 그들을 예루살렘과 유대 땅에서 쫓아냈고, 유대 인들은 뿔뿔이 흩어졌어요. 유대 왕국은 이렇게 멸망하고 말았지요.

로마는 유대 인들이 예루살렘에 들어오지도 못하게 했어요. 유대 인들은 1년에 단 하루만 비싼 돈을 치르고 예루살렘으로 들어올 수 있었지요. 유대 인들은 이날 초라하게 남아 있는 예루살렘 성전의 벽에 기대어 서럽게 울었어요. 그들의 신성한 성전이 파괴된 것과 나라를 잃은 슬픔 때문이었지요. 그래서 이 벽을 '통곡의 벽'이라고 불러요. 통곡의 벽은 지금까지도 유대 인들이 성스럽게 받드는 성지예요.

《탈무드》
《탈무드》는 《성경》만큼 중요한 책이래요

유대 왕국이 멸망한 뒤 유대 인들은 고향을 떠나 뿔뿔이 흩어져 살았어요. 성전이 없어졌기 때문에 예전처럼 성전에 모여 예배를 드릴 수도 없었어요.

이렇게 되자 유대 인들은 자신들의 동네 곳곳에 회당을 세웠어요. 회당에서 예배를 올리고 율법을 가르쳤지요. 유대교 회당에서 랍비는 《구약 성경》을 읽고 그 내용과 뜻을 가르쳤어요.

"이제 더 이상 신의 계시는 없을 것이다. 신이 우리에게 내려 줄 계시는 이미 《구약 성경》에 다 들어 있다. 이제부터 우리가 할 일은 신의 말씀을 해석하고 실생활에서 지키는 일이다."

랍비들은 이렇게 주장했어요.

"아브라함이나 모세가 살았던 시대는 우리가 사는 시대와 다르다. 하나님이 모세에게 말씀하신 율법을 지금 현실에 그대로 적용하기는 어렵다. 율법을 우리가 사는 시대에 맞게 해석해야 한다."

랍비들은 《구약 성경》의 율법을 해석하고 당시 시대에 맞게 그 의미를 설명했어요. 시간이 지나면서 해석에 다시 해석이 붙기도 했지요. 그뿐만 아니라 《성경》에는 적혀 있지 않지만 조상 대대로 전해 내려오던 규칙과 전통 들이 있었어요. 이 전통적인 율법에 대해서도 해석을 붙여 나갔지요.

이렇게 《구약 성경》의 율법과 전통 율법에 대한 해석 등을 모아 놓은 책이 바로 《탈무드》예요.

《탈무드》에는 안식일과 축제일 등 종교와 관련된 날을 지내는 법, 결혼과 이혼에 관한 법, 남에게 해를 입히거나 잘못을 했을 때 대처하는 법, 음식 먹는 방법 등 유대 인이 지켜야 할 삶의 방식과 생활 규범이 자세히 적혀 있어요. 이런 이유로 《탈무드》는 유대 인들에게 《구약 성경》과 함께 가장 중요한 책이에요.

《탈무드》에는 생활 규범뿐만 아니라 이스라엘의 전설, 속담, 민담 등의 이야기도 담겨 있어요. 그 이야기를 통해서 교훈을 주기도 하지요. 사람들은 흔히 《탈무드》를 교훈이 되는 이야기가 담긴 책으로 알고 있어요. 그 이유는 교훈이 될 만한 이야기들을 가려내어 일반인들도 읽기 좋게 '탈무드'라는 제목으로 책들을 펴냈기 때문이에요.

안식일

신이 엿새 동안 세상을 만들고 다음 날 쉬었대요

이 세상은 처음에 텅 비어 있었고 깊은 어둠만 있었어요.

"빛이 생겨라!"

하나님이 이렇게 말하자 빛이 생겨났어요. 하나님이 빛과 어둠을 나누고 빛을 낮이라 하고, 어둠을 밤이라고 했어요. 이것이 첫째 날이에요.

"물 가운데 하늘이 생겨나라!"

둘째 날, 하나님이 말하자 하늘이 생겨났어요.

"하늘 아래에 있는 물은 한곳으로 모이고, 땅은 드러나라! 땅에는 씨를 맺는 식물과 열매를 맺는 나무들이 돋아나라!"

셋째 날, 하나님이 말하자 바다와 땅이 만들어지고 땅에는 온갖 종류의 식물들이 자라났어요.

하나님은 이렇게 세상을 만들어 나갔어요. 넷째 날에는 해와 달과 별들을 만들었고, 다섯째 날에는 물에 사는 생물들과 하늘을 나는 새들을 만들었어요. 그리고 여섯째 날에 땅 위에 사는 동물들을 만들었어요. 그리고 마지막으로 사람을 만들었어요.

엿새 동안 세상의 모든 것을 만든 하나님은 일곱째 날에는 쉬었어요.

이 이야기는 《구약 성경》의 첫 번째 책인 '창세기'에 나오는 내용이에요. 그리고 유대교의 안식일은 하나님이 세상을 만들고 일곱째 날에는 쉬었다는 것에서 유래되었어요. 《구약 성경》에는 십계명을 비롯해 여러 구절에서 안식일에는 일하지 말 것을 강조하고 있어요.

유대 인들은 일주일의 마지막 날인 토요일, 정확히는 금요일 해 질 녘부터 토요일 해 질 녘까지는 아무 일도 하지 않고 쉬어요. 안식일은 유대교의 기본이며 세계 어디에서든지 유대 인을 다른 사람들과 구별하는 표시가 되지요. 안식일이 있었기에 세계 곳곳에 흩어져 있는 유대 인들이 유대 인으로서의 정체성을 가질 수 있었어요.

이스라엘-팔레스타인 분쟁

유대 인들이 팔레스타인 땅에 나라를 세웠어요

　392년, 로마가 기독교를 정식 국교(국가에서 법으로 정하여 온 국민이 믿도록 하는 종교)로 인정한 뒤로 유럽 대부분의 나라가 기독교를 국교로 삼았어요. 기독교인들은 예수가 유대 인들 때문에 죽었다고 생각했어요. 그래서 유럽에 살던 유대 인들은 심한 박해를 받았어요. 마음대로 직업을 가질 수 없었고, 정해진 곳에서만 살아야 했고, 학교도 다니지 못했지요.
　1930년대 독일에서는 히틀러가 무려 600만 명의 유대 인들을 무참하게 죽였어요. 이 사건으로 유대 인들은 자신들을 보호해 줄 나라와 영토가 필요하다고 절실히 느끼게 되었지요.

"우리 조상의 땅인 예루살렘으로 돌아가자!"

"그곳에 우리의 나라를 세우고 스스로 지키자!"

전 세계에 흩어져 살던 많은 유대 인들은 예루살렘이 있는 팔레스타인 땅에 다시 돌아오려 했어요. 미국, 영국 등의 협조를 받아 1948년, 마침내 팔레스타인 땅을 차지하고 '이스라엘'을 세웠어요. 나라를 잃고 전 세계에 흩어진 지 2,000여 년만의 일이었어요. 유대 인들은 아브라함으로부터 이어져 온 하나님의 약속을 생각하며 감격했어요.

그런데 팔레스타인은 아무도 살지 않는 빈 땅이 아니라 이슬람교를 믿는 아랍 사람들이 살고 있는 땅이었어요. 그들에게 이스라엘 건국은 어처구니없는 일었어요. "2,000년 전에 우리 땅이었으니 땅을 내놓아라."라고 억지를 부리는 것이었으니까요. 팔레스타인의 수많은 사람들이 고향을 잃고 떠돌게 되었고, 일부만이 가자 지구에 남아 자치 정부를 세웠지요. 그리고 지금도 이스라엘과 맞서 싸우고 있어요.

팔레스타인과 이스라엘의 분쟁은 두 나라를 넘어서 세계 분쟁으로 커졌어요. 이집트, 시리아 등의 이슬람 국가들은 팔레스타인 땅에 이스라엘을 세운 것을 이슬람교에 대한 도전으로 받아들였어요. 유대 인의 유대교와 미국, 영국 등의 기독교가 이슬람교를 짓밟는다고 여겼어요.

팔레스타인 땅에서는 지금까지도 전쟁이 계속되고 있지요.

기독교는 예수를 구세주로 섬기는 종교예요. 예수가 십자가에 못 박혀 죽은 뒤 사흘 만에 부활하였음을 믿고, 그의 가르침을 《신약 성경》에 담아 사람들에게 전파하지요. 기독교는 2,000년 전부터 지금까지 서양은 물론 전 세계 역사와 문화에 크나큰 영향을 미치고 있어요.

3장
사랑의 종교, 기독교

- 기독교의 특징
- 성령 잉태
- 예수의 탄생
- 예수의 활동
- 예수의 가르침
- 예수의 재판
- 예수의 부활
- 기독교의 탄생
- 《신약 성경》
- 로마의 기독교 공인
- 교황
- 중세 교황의 힘
- 로마 가톨릭과 그리스 정교회
- 십자군 전쟁
- 종교 개혁
- 천주교와 개신교

기독교의 특징
기독교는 예수의 가르침을 따르는 종교예요

 2,000여 년 전, 이스라엘에서 태어난 한 사람이 있었어요. 그는 높은 권력이 있었던 것도 아니고 돈이 많은 것도 아니었어요. 그는 가난한 목수의 아들로 태어나 이스라엘 변두리 시골에서 쭉 살았지요.

 그 사람은 서른 살부터 서른세 살까지 3년 동안 사람들에게 가르침을 전했어요. 그는 가난한 사람들과 어울려 거리낌 없이 먹고 마셨어요. 사람들은 그를 먹보이자 술꾼이라고 비난하기도 했어요. 3년 동안 짧게 활동한 뒤에 그는 죄인으로 몰려 사형을 당했어요. 이 사람이 바로 세계 역사에 크나큰 영향을 미친 예수예요.

유대 인이었던 예수는 유대교의 경전인 《구약 성경》을 바탕으로 사람들을 가르쳤어요. 그런데 예수가 가르치는 내용은 기존의 유대교 지도자들이 가르치는 내용과 많이 달랐어요.

예수의 가르침을 듣고 그를 따르는 사람들이 점점 늘어났어요. 그들은 예수를 신의 아들이자 구세주로 여겼어요. 그러면서 예수를 따르는 새로운 종교가 만들어졌어요. 바로 '기독교'가 탄생한 것이지요. '기독'이란 '그리스도'를 한자로 옮긴 것으로 구세주 예수를 뜻하는 말이에요.

우리나라에서 기독교라고 하면 흔히 교회로 대표되는 개신교를 생각하기 쉬워요. 하지만 본디 기독교는 천주교라 불리는 가톨릭교회, 그리스 정교회, 개신교를 포함하는 종교를 말해요. 즉, 기독교는 개신교만을 뜻하는 것이 아니라 이 셋을 함께 부르는 말이지요. 기독교는 약 1,000년 전에 가톨릭과 그리스 정교회로 나뉘었고, 약 500여 년 전에 가톨릭에서 개신교가 분리되었어요.

기독교는 전 세계에서 신도 수가 가장 많은 종교로 무려 23억 명 이상이 기독교를 믿어요. 전체 종교 인구 가운데 33퍼센트를 넘게 차지하지요. 그중 가톨릭 신자가 약 12억 명으로 가장 많고 개신교 신자가 약 5억 명, 그리스 정교회 신자가 약 2억 명이에요.

우리나라에 기독교가 본격적으로 들어온 것은 1800년대예요. 현재 우리나라의 기독교 신자 수는 1,300만 명 이상으로 우리나라 종교 인구 중 가장 큰 비율을 차지해요.

성령 잉태
마리아가 신의 아들을 임신했어요

이스라엘 북부 지역의 나사렛이라는 동네에 마리아라는 처녀가 살고 있었어요. 마리아는 목수 요셉과 결혼을 약속한 사이였어요. 그런데 어느 날, 천사 가브리엘이 마리아에게 나타났어요.

"기뻐하여라. 하나님이 너에게 큰 은혜를 베푸셨다. 너는 머지않아 아들을 낳을 것이다. 그 아이의 이름을 예수라 하여라."

"저는 아직 결혼을 하지 않았는데 어떻게 아이를 낳는다는 말입니까?"

"하나님은 모든 것을 할 수 있다. 네가 낳을 아이는 거룩한 분이다. 하나님의 아들이니라."

얼마 뒤 마리아는 정말 임신을 했고 기뻐하며 하나님께 노래를 불렀어요.

"내 영혼이 주님을 찬양하며 내 마음이 주님을 기뻐합니다. 주님이 저에게 큰 은혜를 주셨습니다. 주님은 전능하신 팔을 펼치시어 교만한 자들을 흩으시고, 권력 있는 자들을 그 자리에서 끌어내리시고 보잘것없는 사람들은 높이십니다. 배고픈 사람들을 배불리 먹이시고 부자들은 빈손으로 돌려보내십니다."

그런데 마리아의 약혼자 요셉은 마리아가 임신을 했다는 사실을 알고 큰 충격을 받았어요. 그러자 요셉의 꿈에 천사가 나타났어요.

"무서워하지 말고 마리아를 네 아내로 맞아들여라. 마리아의 배 속에 있는 아이는 하나님의 아들이다. 그가 너희 백성을 구원하실 것이다."

요셉은 천사의 말을 따라 마리아를 아내로 맞아들였어요.

예수가 정말 신의 아들인지 인간의 아들인지는 계속해서 논쟁이 되고 있어요. 기독교에서는 예수가 죄 많은 사람들을 구하기 위해서 이 땅에 왔고, 예수를 믿어야만 구원을 얻을 수 있다고 가르쳐요. 이런 기독교의 가르침은 예수가 신의 아들이라는 것에서부터 출발하지요.

예수의 어머니, 마리아

마리아는 기독교에서 아주 특별한 위치를 차지하고 있어요. 마리아는 구세주 예수를 낳아서 인류를 구원했어요. 가톨릭과 그리스 정교회에서는 마리아가 신과 인간을 연결해 주는 역할을 한다고 생각해요. 마리아가 사람들의 기도를 신에게 전달해 준다는 것이지요. 그런데 개신교에서는 마리아를 존경하지만 마리아에게 기도하지는 않아요.

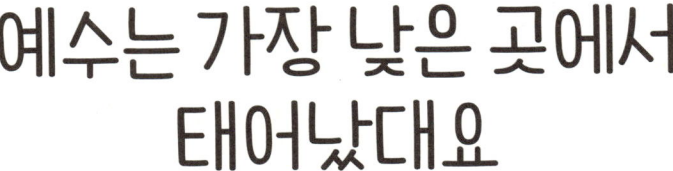

예수의 탄생
예수는 가장 낮은 곳에서 태어났대요

마리아가 아기를 낳을 날이 다가왔을 때의 일이에요. 로마 황제가 이런 명령을 내렸어요.

"인구 조사를 실시할 것이니 모든 사람들은 고향으로 가서 신고를 하라!"

당시 이스라엘은 로마의 지배를 받고 있었어요. 유대 인이었던 요셉과 마리아는 인구 조사를 위해 요셉의 고향 베들레헴으로 갔어요.

베들레헴에 도착했을 때, 마리아는 아기가 태어날 것 같은 느낌을 받았어요. 숨이 가빠지고 배가 아파 왔지요. 요셉은 마리아가 아기를 낳을 만한 곳을 찾아보았지만 마땅히 없었어요. 간신히 마구간을 빌릴 수 있었고, 그곳에서 마리아는 아기를 낳았어요. 이 아기가 바로 예수예요.

"온 백성에게 큰 기쁨이 될 소식을 너희에게 전하러 왔다. 오늘 다윗의 동네 베들레헴에 구세주가 나셨다. 그분이 곧 그리스도 주님이시다."

예수가 태어나자 천사가 나타나 들판에서 양을 치는 양치기들에게 소식을 전했어요. 양치기들은 천사가 말한 곳으로 달려가 아기 예수의 탄생을 보고 기뻐했어요. 그리고 동방 박사들이 선물을 가지고 찾아왔어요.

예수가 탄생하는 순간을 그린 이 이야기는 《성경》에 적혀 있어요.

예수의 탄생 이야기에는 많은 의미가 있어요. 예수가 태어난 마구간은 가난하고 초라하기 짝이 없는 곳이죠. 그리고 아기 예수를 찾아온 양치기들 또한 당시 신분이 가장 천한 사람들이었어요. 그들은 유대교에서 중요하게 여기는 안식일에도 쉬지 못하고 양떼를 돌봐야 했거든요. 예수를 찾아온 동방 박사들은 조로아스터교의 제사장이에요. 유대교인이 아닌 다른 종교 사람들이 예수가 태어난 걸 축하해 준 것이지요.

이런 의미를 종합해 보면 앞으로 예수가 가난하고 무시받는 천한 사람들과 함께할 것이라는 것과, 유대 인에게는 인정받지 못할 것이라는 점을 상징적으로 보여 주고 있어요.

크리스마스

크리스마스는 예수의 탄생을 축하하는 날이에요. 그런데 《성경》에는 예수가 태어난 날이 언제인지 정확히 기록되어 있지 않아요. 사람들은 1월 1일, 1월 6일, 3월 27일 등 여러 날짜를 예수가 태어난 날로 여기다가 330년 무렵 로마 교회가 12월 25일을 예수가 태어난 날로 정했어요.

예수의 활동
가난하고 어려운 사람들의 친구가 되었어요

예수는 서른 살이 되었을 때부터 사람들에게 가르침을 전했어요. 가르침을 전하기 시작했을 무렵, 예수는 고향에 있는 회당에 갔어요. 기도가 끝나자 예수는 《구약 성경》을 펴서 한 구절을 읽었어요. 당시 유대교에서는 유명한 사람이 오면 《구약 성경》의 한 구절을 읽고 그에 대한 자기 생각을 이야기하는 것이 전통이었어요.

"주님의 성령이 나에게 오셔서 가난한 사람에게 기쁜 소식을 전하게 하셨다. 주님께서 나를 보내셔서, 포로가 된 사람들을 해방시키고, 눈먼 사람들을 보게 하고, 억눌린 사람들에게 자유를 주고, 주님의 은혜를 선포하게 하셨다."

《구약 성경》을 읽은 예수는 사람들에게 이렇게 말했어요.

"이 말씀은 오늘 너희가 듣는 가운데서 이루어졌다."

예수가 읽은 구절은 유대 인들이 바빌론에 포로로 잡혀갔던 시절에 활동했던 예언자 이사야가 하나님의 나라를 예언한 부분이었어요. 당시 사람들은 하나님의 나라는 먼 미래에 이루어질 것이라고 믿었어요. 그런데 예수는 지금 이루어졌다고 이야기했어요. 이것은 예수가 앞으로 하고자 하는 일이 무엇인지를 드러내는 말이었지요.

"가난한 사람들은 복이 있다. 하나님의 나라가 너희의 것이다. 굶주리는 사람들은 복이 있다. 너희가 배부르게 될 것이다. 슬피 우는 사람들은 복이 있다. 너희가 웃게 될 것이다. 평화를 위해 일하는 사람은 복이 있다. 너희가 하나님의 아들이 될 것이다."

예수는 가난한 사람들, 힘없는 사람, 병든 사람들과 함께 어울리고, 밥을 먹으며 하나님 나라에 대해 이야기했어요.

당시 유대 인들은 병든 사람, 피 흘리는 사람, 장애인 등은 불길한 일을 일으킨다면서 피했어요. 여자들을 사람 취급도 하지 않았고 가난하고 힘없는 사람들을 무시했지요. 하지만 예수는 그들을 따뜻하게 품어 주었어요. 예수는 가장 가난하고 어려운 사람들의 친구가 되었어요. 예수는 그들에게 하나님의 나라가 가까이 왔다며 희망을 전해 주었어요.

예수의 가르침

네 이웃을
네 몸과 같이 사랑하라

어느 안식일에 일어난 일이에요. 예수는 회당에 들어갔어요. 그곳에는 한쪽 손이 오그라든 사람이 있었지요. 예수는 그 사람을 불렀어요.

"일어나서 이리로 오시오!"

병든 사람은 예수 앞으로 다가갔어요. 그러자 예수가 말했어요.

"손을 내미시오."

병든 사람은 예수에게 손을 내밀었어요. 그리고 잠시 뒤, 그 사람의 손이 말끔하게 나았어요.

이 광경을 지켜보던 랍비들은 예수를 비판했어요. 유대교 율법에 따르면 안식일에 병든 사람을 치료해서는 안 되었거든요.

"안식일에 일을 하다니! 당신은 율법을 어겼소!"

"안식일이 사람을 위해서 생긴 것이지, 사람이 안식일을 위해서 생긴 것이 아닙니다."

예수는 율법보다 사람이 먼저라고 말했어요. 이것은 유대교 랍비들이 가르치는 내용과 너무나 달랐지요. 랍비들은 예수가 율법을 무시한다고 생각하여 예수를 시험하려 물었어요.

"수많은 율법 가운데 어느 계명이 중요합니까?"

"'네 마음을 다하고, 네 목숨을 다하고, 네 뜻을 다하여, 주 너의 하나님을 사랑하라. 또 네 이웃을 네 몸과 같이 사랑하라.' 이것이 가장 중요합니다."

예수가 살던 당시 유대 인들은 로마의 지배를 받고 있었어요. 유대교의 랍비들은 위기에 빠진 유대 인들을 구하기 위해서는 율법을 철저히 지켜야 한다고 생각했어요. 그래야 하나님이 그들을 구원해 준다고 믿었지요. 하지만 수천 가지나 되는 율법을 모두 지키는 것은 현실적으로 불가능했어요.

예수는 하나님을 사랑하고 이웃을 사랑하는 것이 모든 율법의 가르침이라고 말했어요. 또한 하나님은 율법을 지키는지 감시하고 벌을 내리는 분이 아니라, 모두를 사랑하는 분이라고 말했어요. 이런 예수의 가르침은 유대교 랍비들의 반발을 샀어요. 자신들의 권위에 도전하는 것처럼 보였지요. 또 예수가 스스로를 신의 아들이라고 말하는 것은 신을 모독하는 것이라 여겼어요. 랍비들은 예수를 점점 눈엣가시처럼 여겼지요.

예수는 어떤 죄로 잡히나요?

3년 동안 사람들에게 가르침을 전한 예수는 제자들과 함께 예루살렘으로 향했어요. 예수가 예루살렘에 도착한 때는 유월절 기간이었지요. 유월절은 모세가 이스라엘 민족을 이집트에서 데리고 나온 것을 기념하는 날로, 유대인들에게 가장 큰 명절이지요.

예수가 예루살렘으로 들어오자 사람들은 예수를 열렬히 환영했어요.

"호산나! 복되도다. 주님의 이름으로 오시는 분!"

호산나는 '구하옵나니, 이제 구원해 주십시오.'라는 뜻이에요.

예루살렘에 도착한 예수는 신을 모시고 기도하는 곳인 성전으로 갔어요. 그런데 그곳에는 장사치들로 북적거렸지요. 예수는 불같이 화를 내며 그 사람들을 쫓아냈어요.

"신성한 성전을 강도의 소굴로 만들다니!"

이 모습을 지켜본 유대교 랍비들과 사제들은 예수에게 분노를 느꼈어요. 그들은 장사치들에게 하나님을 위한 제물로 돈과 가축을 받았거든요. 예수를 죽이기로 다짐한 그들은 예수를 잡아 와 물었어요.

"당신이 메시아인가?"

"그렇습니다."

그들은 예수를 로마 총독에게 고발했어요. 로마 총독은 예수를 잡아 와 그를 심문했고 끝내 예수를 십자가에 매달아 처형한다고 발표했어요.

로마는 유월절만 되면 촉각을 곤두세웠어요. 유월절에는 수많은 유대 인들이 예루살렘에 모여 축제를 벌였는데, 이 자체가 로마에게는 위협이 되었지요. 유대 인들이 옛 이집트에서 해방되었던 것처럼 로마에서도 폭동을 일으킬 수 있다고 보았기 때문이에요. 이러한 때에 예수가 예루살렘에 모습을 드러냈고, 수많은 사람들이 그를 메시아로 여기고 환호했지요.

이것을 본 유대교 랍비들은 드디어 예수를 죽일 방법을 찾았다고 생각했어요. 랍비들은 예수를 로마 총독에게 고발했고, 로마 총독은 예수가 반역죄를 지었다는 이유로 사형을 내렸어요. 예수가 유대 인들을 로마에서 해방시켜 유대 인의 왕이 되려 한다고 생각했기 때문이지요.

예수의 부활

십자가에 못 박혀 죽었다가 다시 살아났어요

　십자가에 못 박아 죽이는 것은 로마 시대의 가장 끔찍한 처형 방법이었어요. 십자가 처형은 로마의 식민지 백성 중에서도 반역을 일으킨 사람들에게 주로 내려졌어요. 발가벗겨 십자가에서 죽어 가는 사람을 대중들에게 보여 주면서 로마에 대항하면 어떤 대가를 치르게 되는지 알려 주었지요.

　예수는 골고다 언덕에서 십자가에 못 박혔어요. 사람들은 그런 예수를 비웃으며 놀렸어요.

"당신이 진짜 메시아라면 지금 십자가에서 내려와 보시지! 하하!"

그런데도 예수는 그 사람들을 위해 기도를 했어요.

"아버지, 저 사람들을 용서하여 주십시오. 저 사람들은 자기들이 지금 무슨 짓을 하는지 모르고 있습니다."

예수가 십자가에 못 박힌 지 반나절이 지나자 사방이 어두워졌어요.

예수는 "다 이루었다."는 말을 남기고 숨을 거두었어요. 예수의 제자들은 예수를 메시아로 생각했고, 예수가 로마를 몰아내고 왕이 되면 누가 높은 자리에 앉아야 하는지를 두고 다투기까지 했지요. 하지만 예수가 처형을 당하자 제자들은 겁을 먹고 뿔뿔이 흩어졌어요.

그런데 예수가 죽은 지 사흘째 되던 날, 놀라운 일이 일어났어요. 죽은 예수가 다시 살아난 거예요. 예수는 40일을 제자들과 함께 지내고 하늘로 올라갔어요. 예수는 하늘로 올라가기 전, 제자들에게 이렇게 말했어요.

"너희는 가서 모든 민족을 제자로 삼아 내가 너희에게 말한 것을 가르쳐 지키게 하라. 내가 세상 끝날 때까지 항상 너희와 함께할 것이다."

예수가 정말로 다시 살아났는지는 알 수 없어요. 하지만 한 가지 확실한 것은 예수를 따르던 사람들은 예수의 부활을 절대적으로 믿었다는 거예요. 예수가 부활하자 흩어졌던 제자들이 다시 모였어요. 그들은 이제 죽음을 두려워하지 않고 예수의 가르침을 전하기 시작했지요.

📝 부활절과 주일

부활절은 예수가 다시 살아난 것을 기념하는 날이에요. 양력으로 3~4월 사이이며, 크리스마스와 함께 기독교의 가장 중요한 날이지요. 기독교인들은 예수가 일요일에 부활했기 때문에 일요일에 예배를 보고, '부활한 주님의 날'이란 뜻으로 일요일을 주일이라고 불러요.

기독교의 탄생
유대교를 벗어나 새로운 종교로 발전했어요

"여러분은 예수님을 십자가에 못 박아 죽였습니다. 그러나 하나님은 예수님을 죽음에서 살려 내셨습니다. 예수님은 메시아이십니다."

베드로를 비롯한 여러 제자들은 열심히 예수의 가르침을 사람들에게 전했어요. 물론 유대교 랍비들은 예수의 가르침을 전하는 것을 금지시켰어요. 예수를 따르는 사람들을 감옥에 가두고 죽였는데, 그 일에 바울도 앞장섰지요.

그러던 어느 날 바울에게 환한 빛이 비추었어요. 깜짝 놀란 바울은 땅에

엎드렸어요.

"바울아, 바울아! 너는 왜 나를 괴롭히느냐?"

"당신은 누구십니까?"

"나는 네가 괴롭히는 예수다. 일어나서 성으로 들어가라. 네가 할 일을 알려 줄 사람이 있을 것이다."

바울은 그때부터 갑자기 눈이 멀어 아무것도 볼 수 없었어요. 가까스로 성 안에 들어가 사흘째 되는 날, 어떤 사람이 바울을 찾아왔어요.

"당신은 예수께서 선택하신 사람입니다. 예수를 이스라엘 민족과 다른 나라 사람들에게 전하십시오."

바울은 자신의 잘못을 뉘우치고 예수를 하나님의 아들로 믿기 시작했어요. 그러자 눈이 떠지고 다시 앞이 보였어요.

바울은 예수의 생애를 새롭게 해석했어요.

"예수는 우리의 죄를 대신 지고 십자가에 매달려 죽었습니다."

"우리는 모두 죄인입니다. 예수를 믿어야 죄를 용서받을 수 있습니다."

"구원은 예수를 믿음으로 얻을 수 있습니다."

바울은 예수가 죽은 후 기독교가 전파되는 데 가장 큰 역할을 했어요. 바울의 해석으로 예수는 따라야 할 모범이 아니라 믿어야 할 대상이 되었지요. 또 유대 인이 아니더라도 예수를 믿으면 누구나 구원받을 수 있다고 했어요. 그러면서 기독교는 유대교에서 벗어나 새로운 종교로 탄생하게 되었지요. 바울은 직접 로마, 시리아, 터키, 그리스 등 곳곳을 다니며 교회를 세웠고, 그 결과 기독교는 세계 곳곳으로 퍼져 나갔어요.

《신약 성경》
예수의 생애와 가르침을 담은 《신약 성경》이 만들어졌어요

《성경》은 처음에는 유대교의 경전인 《구약 성경》만 있었어요. 예수가 죽고 나서도 예수와 함께 지냈던 제자들이 직접 예수의 가르침을 전하고 다녔기에 따로 경전이 필요 없었지요. 그런데 세월이 흐르면서 예수의 제자들이 세상을 떠났고, 기독교인들은 점차 많아지고 여러 곳으로 퍼져 나갔어요.

"머지않아 예수님의 가르침을 직접 듣고 배운 사람들이 모두 없어질 것입니다. 예수님의 가르침과 예수님이 하신 일을 기록하는 건 어떨까요?"

"맞습니다. 우리에게는 예수님의 말씀을 기록한 책들이 필요합니다."

이렇게 해서 예수의 생애와 가르침을 기록한 책들이 만들어졌어요. 바로 《마가복음》, 《마태복음》, 《누가복음》, 《요한복음》이에요. '복음'이란 반가운 소식, 기쁜 소식이란 말인데, 예수의 가르침을 뜻해요.

"이것은 예전에 바울 선생님께서 보낸 편지입니다. 이 편지에는 우리가 무엇을 해야 하는지 잘 나타나 있습니다."

"우리에게는 베드로 선생님의 편지가 있습니다."

사람들은 처음 기독교 교회를 세웠던 베드로와 바울 등이 쓴 편지들을 찾아냈어요. 거기에는 예수를 믿는 것이 무엇인지, 교회가 해야 할 일이 무엇인지 등이 적혀 있었어요. 편지 자체가 중요한 가르침을 담고 있었지요.

교회에서는 여러 사람들이 쓴 책과 편지들을 모아 그 가운데 27권을 가려 뽑았어요. 이것이 지금의 《신약 성경》이에요. 신약이란 '새로운 약속'이라는 뜻이에요. 《신약 성경》에는 예수 그리스도의 이야기를 비롯해 하나님께서 예수를 통해 사람들에게 하신 새로운 약속이 적혀 있어요.

《신약 성경》이 만들어지면서 기독교는 유대교와는 다른 새로운 경전을 가지게 되었답니다.

기독교에서는 유대교의 경전인 《구약 성경》과 《신약 성경》을 함께 묶어 《성경》이라고 해요. 《성경》은 전 세계에서 가장 많은 언어로 번역되어 가장 많은 나라에 퍼진 책이지요. 《성경》은 기독교인들뿐만 아니라 많은 사람들에게 영향을 주고 있어요.

로마의 기독교 공인
기독교는 어떻게 서양의 종교가 되었나요?

예수께서 빵을 들어서 축복하신 다음에, 제자들에게 나누어 주었어요.

"받아라. 이것은 내 몸이다."

또 포도주 잔을 들어서 감사를 드린 다음 제자들에게 주었어요.

"이것은 사람의 죄를 씻어 주기 위하여 흘리는 나의 피, 곧 언약의 피다."

이것이 예수가 죽기 전에 제자들과 마지막으로 나눈 최후의 만찬이에요.

초기 기독교인들은 예수의 죽음과 부활을 기념하면서 모임을 가질 때면

최후의 만찬과 같은 성찬 의식을 했어요. 빵과 포도주를 나누어 먹으며 예수가 한 말을 되새겼지요.

기독교인들은 자신들의 의식을 치르는 한편, 황제를 숭배하는 로마의 전통은 거부했어요. 당시 로마 사람들은 로마의 황제를 신으로 떠받들었어요. 하지만 하나님 외에 다른 우상을 섬기지 않는 기독교인들은 이를 거부했지요. 기독교인 중에는 세금이나 군사의 의무를 거부하는 사람들이 많았어요. 거기에다 하나님의 나라를 이야기하니 기독교인들은 로마에 대항해 새로운 나라를 세울 반란 세력이라는 의심을 받기도 했어요. 게다가 광신자 집단으로 오해받기도 했는데, 그 이유는 성찬 의식 때문이었어요. 밤에 몰래 모여 살(빵)과 피(포도주)를 나누어 마신다고 하니 그렇게 오해를 했던 것이지요.

로마가 가혹하게 박해했지만 기독교는 매우 빠르게 퍼져나갔어요. 숫자가 점점 많아진 기독교인들은 자유롭게 기독교를 믿을 수 있도록 해 달라고 요구했어요.

"모든 기독교인들은 자유롭게 종교 생활을 할 수 있다."

313년, 로마의 콘스탄티누스 황제는 결국 기독교를 인정해 주었어요.

시간이 흘러 기독교 세력이 더 많아지자 테오도시우스 황제는 392년에 기독교를 로마 제국의 국교로 삼았어요. 기독교가 아닌 다른 종교를 금지시키고 오직 기독교만 믿게 한 것이에요. 이로써 기독교는 유대 인의 종교에서 서양의 종교가 되었어요.

교황

기독교 전체를 다스리는 교황이 탄생했어요

예수가 제자들에게 물었어요.

"너희는 나를 누구라고 생각하느냐?"

베드로가 대답했어요.

"살아 계신 하나님의 아들이자 그리스도이십니다."

베드로의 대답을 들은 예수는 베드로를 축복해 주었어요.

"너에게 복이 있을 것이다. 너에게 이것을 알려 주신 분은 사람이 아니라 하늘에 계신 나의 아버지시다. 나는 베드로라는 반석 위에 내 교회를 세우겠다. 내가 하늘나라의 열쇠를 너에게 주겠다."

예수는 제자들 중에서 베드로에게 특별한 권위를 주었어요. 베드로가 가장 으뜸인 수제자가 된 것이지요. 이것은 훗날 교회의 지도자인 교황이 생겨난 이유가 되었어요.

예수가 죽은 뒤 기독교는 로마 제국 곳곳으로 퍼져 나갔어요. 로마, 알렉산드리아, 안티오키아, 콘스탄티노플 등 다양한 지역에 교회가 세워졌지요. 처음에는 교황이 없었어요. 각 교회의 지도자들이 모여 회의를 통해 중요한 일들을 결정했지요.

그러다가 시간이 흐르면서 로마 교회가 점점 더 큰 힘을 갖게 되었어요. 로마 교회는 베드로가 세운 교회였는데, 베드로가 예수의 수제자라는 것과 예수가 베드로라는 기초 위에 교회를 세우겠다고 말했기 때문에 다른 교회들보다 특별한 권위를 가지게 되었어요. 또 로마는 로마 제국의 수도였기 때문에 정치, 경제, 문화의 중심지였어요. 그러다 보니 로마 교회가 자연스럽게 가장 중요한 교회가 되었어요.

이런 이유로 로마 교회는 다른 교회보다 높은 위치를 차지하게 되었어요. 로마 교회의 지도자는 모든 교회의 지도자가 되었지요. 로마 교회의 지도자는 점차 교회의 황제라는 뜻의 '교황'이라고 불리게 되었어요. 이렇게 기독교의 교황이 탄생하였어요.

교황

지금도 교황은 가톨릭교회를 대표하는 종교 지도자예요. 세계에서 가장 작은 나라인 바티칸 시국의 원수이기도 하지요.

중세 교황의 힘
옛날에는 교황이 황제보다 힘이 더 셌대요

　1077년 1월의 어느 추운 겨울날이었어요. 이탈리아의 카노사 성에서 이상한 일이 벌어지고 있었어요. 신성 로마 제국의 황제 하인리히 4세가 맨발로 성문 앞에서 무릎을 꿇고 있었어요. 신성 로마 제국은 지금의 독일 지역에 있었던 나라로 당시 유럽에서 가장 힘이 셌어요. 그런데 이런 막강한 힘을 가진 나라의 황제가 맨발로 무릎을 꿇은 거예요.
　"교황님을 만나게 해 주십시오."

하인리히 4세는 교황을 만나러 먼 길을 달려왔지만 교황은 그를 만나 주지 않았고, 황제는 그 자리에서 사흘 동안 아무것도 먹지 않고 버텼어요. 교황은 어쩔 수 없다는 듯 신성 로마 제국의 황제를 만났어요.

"제발 저를 용서해 주십시오."

하인리히 4세가 교황에게 무릎을 꿇고 용서를 빌었어요. 교황은 그제야 황제를 용서해 주었어요. 이 사건은 교황의 힘이 얼마나 셌는지를 보여 주지요.

신성 로마 제국의 황제와 교황은 교회의 성직자를 임명하는 문제로 충돌을 빚었어요. 황제가 자신이 직접 교회 성직자를 임명하겠다고 나서자 교황은 황제로부터 기독교 신자의 자격을 빼앗고 교회에서 내쫓았어요. 기독교가 나라를 지배하던 당시에, 기독교에서 쫓겨난다는 것은 살아서는 아무것도 할 수 없고 죽어서는 지옥에 가는 것이나 다름없었어요. 이 때문에 황제가 교황에게 용서를 빌었던 것이지요. 이 사건을 '카노사의 굴욕'이라고 해요.

교황은 어떻게 황제보다 큰 힘을 가지게 되었을까요?

로마 제국은 395년에 서로마와 동로마로 갈라졌어요. 그러다 80여 년 후 서로마 제국은 멸망하고 말았지요. 그 뒤 서유럽은 여러 나라로 갈라져 싸움이 계속되었어요. 새로운 나라가 생겼다가 없어지기도 하고, 왕도 자주 바뀌었지요. 이런 상황에서 유일하게 서유럽을 통합할 수 있는 힘은 교회, 즉 교황에게 있었어요.

그런데 세월이 흘러 14세기가 되자 교황과 황제의 힘이 역전되었어요. 힘을 잃은 교황이 교황청을 아비뇽으로 옮겨 갔는데, 이를 '아비뇽 유수'라고 해요.

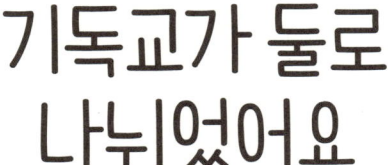

기독교가 둘로 나뉘었어요

로마가 서로마와 동로마로 나뉘면서 교회도 둘로 나뉘었어요. 동로마, 즉 비잔티움 제국에는 황제를 중심으로 교회가 발전해 나갔어요. 서로마는 교황이 교회의 중심이 되었지요.

그러다 세월이 흘러 서로마가 멸망했고, 비잔티움 제국 교회와 로마 교회 사이에 의견 충돌이 일어났어요.

"서로마는 이미 멸망했다. 이제 우리 비잔티움 제국이 로마 제국의 모든 것을 계승한다. 기독교 전통도 우리 비잔티움 제국이 이을 것이다."

비잔티움 제국은 자신들이 기독교의 전통을 잇는다고 주장했어요.

"로마 교회가 모든 교회의 중심이다. 기독교의 전통은 우리에게 있다."

교황은 로마 교회가 기독교의 중심이라고 맞섰어요.

로마 교회와 비잔티움 교회의 싸움은 오랫동안 계속되었어요. 그러다 마침내 둘은 완전히 갈라섰어요.

"콘스탄티노플(비잔티움 제국의 수도)의 총주교를 파문한다."

1054년 7월 16일, 로마 교회는 콘스탄티노플의 가장 높은 주교(각 지역의 가톨릭교회를 담당해 관리하는 성직자)를 내쫓았어요. 그러자 콘스탄티노플 교회도 가만있지 않고, 로마 교회의 교황을 나쫓았어요.

이로써 천 년 넘게 하나로 이어 오던 기독교는 둘로 갈라졌어요. 서유럽의 로마 교회는 기독교의 정통 교리를 따른다는 뜻의 '로마 가톨릭 교회'가 되었고, 비잔티움 제국의 교회는 동쪽의 올바른 교회라는 뜻의 '동방 정교회' 혹은 '그리스 정교회'가 되었지요.

로마 가톨릭 교회는 지금도 교황을 중심으로 전통을 지켜 오고 있어요. 우리나라에서는 천주교라고 부르는데 천주는 '하늘의 주인'이라는 뜻으로 영어로 하면 '가톨릭(Catholic)'이에요. 가톨릭 신자들은 성당에서 예배를 하고, 예배를 미사라고 부르지요.

그리스 정교회는 동유럽에 속하는 그리스, 불가리아, 러시아 등에 많이 퍼져 있어요. 그들은 교황을 모시지 않고 자신들의 지도자인 총주교를 섬겨요. 또 하나님을 모시는 것을 교리보다 더 중요하게 생각해요. 우리나라에도 그 수가 많지는 않지만 그리스 정교회 신자들이 활동하고 있지요.

십자군 전쟁

신의 이름으로
끔찍한 전쟁을 벌였어요

1050년 무렵 비잔티움 제국은 이슬람의 거센 공격을 받았어요. 비잔티움 제국은 아시아 땅 대부분을 빼앗겼고 수도까지 점령당할 위기에 처했어요. 다급해진 비잔티움 제국의 황제는 로마 교황에게 도움을 요청했어요.

"이슬람 세력이 우리를 공격하고 있습니다. 하나님을 모르는 무리로부터 우리를 구해 주십시오."

교황은 이 기회를 이용해서 둘로 갈라진 기독교를 통일하고, 비잔티움 교회까지 자신이 다스릴 생각으로 비잔티움 제국을 돕기로 결정했어요.

"우리의 형제 비잔티움을 이슬람으로부터 구하자! 더 나아가 이슬람에게 빼앗긴 성스러운 땅 예루살렘을 되찾아야 한다. 이것은 신을 위한 성스러운 전쟁이다. 이 싸움에 나서는 자는 모든 죄를 용서받고 천국에 갈 수 있다!"

교황의 외침에 사람들은 열광적으로 호응했어요.

"신께서 예루살렘을 되찾기를 원하신다!"

왕, 영주, 기사들뿐만 아니라 농민, 장사꾼들까지 다양한 사람들이 모여들었어요. 그들은 신을 위해 싸우는 군대라는 의미로 옷에 붉은 십자가를 붙였어요. 이들을 '십자군'이라고 불러요.

십자군은 예루살렘을 점령하고 그곳에 기독교 국가를 세웠어요. 그러나 곧바로 이슬람의 공격을 받아 예루살렘을 내주어야 했지요. 하지만 교황은 결코 포기하지 않았어요. 끊임없이 십자군을 모을 것을 지시했지요.

십자군은 신을 위해 싸운다는 명분으로 시작했지만, 시간이 흐를수록 욕심을 채우는 군대로 변해 갔어요. 어린 소년들을 십자군으로 내보내기도 했고, 같은 편이었던 비잔티움 제국을 공격하기도 했지요. 또 가는 곳마다 끔찍한 학살을 저질렀어요.

십자군 전쟁은 200여 년 만에 끝났고, 그 폐해는 어마어마했어요. 수많은 사람들이 전쟁터에서 목숨을 잃었고 굶주림에 시달려야 했어요. 그 결과 교황에 대한 사람들의 절대적인 믿음이 흔들리기 시작했고, 교황의 힘은 예전보다 약해졌어요. 십자군 전쟁은 역사상 최악의 종교 전쟁으로 기록되었어요.

종교 개혁

로마 가톨릭을 비판하면서
개신교가 탄생했어요

　십자군 전쟁 이후 교황의 힘은 다소 약해졌지만 여전히 교황과 교회는 막강한 권력을 쥐고 있었어요. 그러면서 점차 자신의 역할을 다하지 않고 욕심을 채우는 데에만 열중했어요.

　"돈을 내고 면죄부를 사면 모든 죄를 용서받고 천국에 갈 수 있습니다."

　"면죄부를 사면 지옥에 있는 죽은 사람의 죄도 용서가 됩니다. 죽은 가족을 위해서도 면죄부를 사십시오."

교황청과 성직자들은 면죄부를 판 돈으로 더욱 부자가 되었어요.

그때 참다못한 독일의 한 성직자가 용감하게 반기를 들었어요. 그의 이름은 마틴 루터였지요. 1517년 10월 31일, 루터는 비텐베르크 교회 문에 '95개조 반박문'을 붙였어요.

"면죄부를 사면 모든 죄를 용서받는다는 교황의 말은 잘못되었다. 진실로 잘못을 뉘우치고 반성하면 면죄부 없이도 용서받을 수 있다."

루터는 구원은 교황의 면죄부가 아니라 오직 믿음과 신의 은총을 통해서 이루어진다고 주장했어요. 이것이 종교 개혁의 시작이었어요. 루터의 종교 개혁은 독일을 시작으로 해서 전 유럽으로 퍼져 나갔어요. 수많은 사람들이 루터의 주장을 적극적으로 지지했어요.

분노한 교황은 루터에게 잘못을 인정하고 그의 주장을 취소하라는 명령을 내렸어요. 루터는 이를 거부했고, 결국 교황은 루터를 파문했지요.

하지만 루터를 따르는 사람들은 계속해서 늘어났어요. 루터는 어려운 라틴 어로 쓰인 《성경》을 독일어로 번역해 누구나 쉽게 《성경》을 읽을 수 있게 했어요. 또한 루터는 성직자를 통하지 않고도 누구나 신에게 다가갈 수 있다고 주장했어요. 루터는 교회의 권위와 위계질서를 무너뜨리고 새로운 교회를 세웠어요. 바로 '개신교'가 탄생한 것이지요.

개신교는 곳곳에 수많은 교회를 세웠어요. 천주교와는 달리 개신교에서는 교황을 인정하지 않았고 목사를 통해 하나님의 말씀을 전했지요. 개신교는 형식보다 하나님의 말씀이 더 중요하다고 믿었고 예배를 드릴 때 특별한 의식이나 절차보다는 《성경》의 말씀 자체를 더 중요시했어요. 우리나라에서는 개신교를 흔히 기독교라고 불러요.

천주교와 개신교
뿌리는 같지만 다른 점도 많아요

개신교는 가톨릭에서 분리되어 나왔기 때문에 기본적인 교리는 같아요. 따라서 개신교와 가톨릭은 하나의 종교라고 볼 수도 있어요. 하지만 두 종교는 다른 점도 많지요.

가톨릭에서는 교황의 권위를 뛰어넘는 건 아무것도 없다고 믿어요. 반면에 개신교는 교황의 권위를 인정하지 않아요.

가톨릭 성직자인 신부나 수녀는 결혼을 하지 않아요. 자신을 온전히 신에게 바친다는 뜻이지요. 하지만 개신교의 목사는 결혼할 수 있어요. 루터가 종교 개혁을 이루면서 자신을 비롯한 성직자들도 결혼을 해야 한다고 했어요. 그 뒤 개신교 성직자들은 결혼을 당연하게 여겼어요.

가톨릭교회는 교황을 중심으로 하나의 체계로 이루어져 있어요. 하지만 개신교는 루터교, 장로교, 성결교, 침례교, 청교도, 성공회 등 수많은 교파들이 있어요. 이렇게 교파가 많은 이유는 개신교 전체를 통제하는 강력한 힘이 없기 때문이에요. 개신교에는 교황 같은 존재가 없어요. 그래서 내부에서 얼마든지 새로운 종파를 만들어 갈라져 나갈 수 있지요.

개신교는 자유로운 종교 활동을 할 수 있다는 장점이 있어요. 같은 생각을 가진 사람들이 모여 새로운 교회를 만들 수 있으니까요. 하지만 문제점도 있어요. 목사 등의 종교 지도자들이 잘못된 길을 가면 그것을 막을 방법이 별로 없다는 것이지요. 심지어 목사가 개인의 욕심을 위해 교회를 이용할 수도 있어요. 하지만 가톨릭에서는 이런 신부가 있으면 그를 파문시켜 다른 성직자와 신자들이 피해를 입지 못하게 할 수 있지요.

천주교와 기독교는 이 밖에도 조금씩 차이가 있어요. 천주교의 예배당은 성당이라고 부르고 개신교의 예배당은 교회라고 불러요. 예배를 드리는 절차도 천주교에 비해서 개신교가 조금 더 간단해요. 천주교에서는 손가락으로 이마, 가슴, 양 어깨를 가리키며 십자가 모양을 그리는 성호를 그어요. 또 자신이 한 잘못을 신부님께 고백하는 고해성사를 해요. 그러면 신부님은 그 사람을 위해서 기도를 해 주지요. 하지만 개신교에서는 성호나 고해성사와 같은 의식이 없어요. 개신교는 형식보다는 하나님의 말씀 그 자체가 중요하다고 믿기 때문이에요.

이슬람교는 7세기 사우디아라비아 지역에서 탄생했어요. 무함마드가 만들었으며, 《꾸란》을 경전으로 받들고 유일신 '알라'를 섬기지요. 우리는 이슬람교 하면 전쟁, 테러를 많이 떠올리지만, 사실은 너그럽고 평화로운 종교랍니다.

4장
평화를 중시하는 이슬람교

- 이슬람교의 특징
- 이슬람교의 탄생
- 이슬람 공동체의 탄생
- 아라비아 반도의 통일
- 이슬람교의 확대
- 수니파와 시아파
- 《꾸란》
- 이슬람교의 예언자들
- 알라
- 이슬람교의 다섯 기둥
- 이슬람교과 기독교 분쟁
- 이슬람교 근본주의
- 이슬람교와 여성
- 이슬람교에 대한 오해

이슬람교의 특징

알라 외에
다른 신은 없다

"알라 외에 다른 신은 없다."

이것은 이슬람교에서 가장 중요한 믿음이에요. 이슬람교에서 신은 오직 알라밖에 없다고 믿어요. '알라'는 사람을 비롯한 세상 모든 것을 만들었고 세계를 움직이는 유일한 신이에요.

"무함마드는 신의 예언자이다."

무함마드는 이슬람교를 만든 사람이에요. 하지만 이슬람교 사람들은 무함마드에게 기도하지는 않아요. 무함마드는 신의 선택을 받은 사람일 뿐 신이 아니기 때문이지요. 이슬람교에 따르면 신은 여러 예언자들을 보내서 신의 말을 전했는데, 무함마드는 신이 보낸 마지막 예언자래요.

"우리는 심판의 날을 믿는다."

이슬람교는 죽은 후에도 삶이 있다고 믿어요. 그래서 신을 믿고 착한 일을 한 사람은 상을 받아 천국에 가고, 신을 믿지 않고 나쁜 짓을 저지르면 벌을 받을 것이라고 믿어요.

이슬람교는 610년경에 서남아시아의 사우디아라비아에서 만들어졌어요. 이슬람교는 1,400년 넘게 이어지면서 독특한 문화를 만들어 냈어요. 흔히 세계를 유럽 중심의 서양 문화권과 중국 중심의 동양 문화권으로 구분해요. 유럽과 아시아 사이에 걸쳐 있는 서남아시아는 서양 문화권과 동양 문화권이 섞여 자신들만의 독특한 이슬람 문화권을 만들었지요.

전 세계 15억 명 이상이 이슬람교를 믿어요. 신자 수로 보면 기독교 다음으로 많으며, 신자 수가 빠르게 늘고 있어요. 서남아시아는 물론 파키스탄, 인도, 중국, 인도네시아를 비롯한 아시아, 아프리카, 유럽에도 이슬람교도들이 많아요. 미국에서도 이슬람교도들이 급속하게 늘어나고 있지요.

우리나라에 이슬람교가 들어온 것은 1950년대예요. 현재 우리나라에는 약 3만여 명의 이슬람교도들이 살고 있어요. 서울 이태원을 비롯해 전국에 여덟 개의 이슬람 사원이 있지요. 하지만 아직도 우리나라는 이슬람교와 이슬람 문화에 대해서 잘 모르고 오해하는 부분이 많아요.

이슬람교의 탄생
무함마드가 신의 소리를 들었대요

무함마드는 570년, 아라비아 반도의 메카에서 태어났어요. 부모를 일찍 잃은 무함마드는 작은아버지 집에서 자라면서 장사를 배웠어요. 장사를 곧잘 했던 그는 어느 정도 재산도 모으고 결혼도 했어요. 이곳저곳 장사를 다니면서 유대교와 기독교를 비롯해서 다양한 종교를 접하기도 했지요. 무함마드는 평범하면서도 평화로운 생활을 이어 나갔어요.

그런데 마흔 살이 되던 해, 무함마드는 이상한 일을 겪었어요. 그는 히라

산의 한 동굴에서 명상을 하고 있었는데 갑자기 무슨 소리가 들렸어요.

"읽어라! 신께서 사람들에게 전하는 말씀이다!"

무함마드는 깜짝 놀랐어요. 겁이 나서 온몸이 떨렸지요.

"못하겠습니다."

무함마드는 당황해서 거절했지만 읽으라는 명령은 계속 들렸어요. 그는 벌벌 떨면서 서둘러 동굴 밖으로 나왔어요. 그러자 이런 소리가 들렸어요.

"너는 신의 말씀을 전할 예언자이다!"

무함마드는 자신이 예언자라는 것이 믿어지지 않았어요. 하지만 그 후로도 그 목소리가 계속 들렸어요. 그것은 천사 가브리엘의 목소리였어요.

"읽어라. 이것은 신의 말씀이다."

무함마드는 더 이상 그 명령을 거부할 수 없었어요. 신이 자기를 통해서 전할 말이 있다는 것을 깨달았지요. 그는 자기가 들은 신의 말을 사람들에게 전하기 시작했어요. 이렇게 해서 탄생한 종교가 바로 이슬람교예요.

이슬람이라는 말은 '복종'이라는 뜻이에요. 무함마드를 통해 전해진 신의 말씀을 그대로 따른다는 의미이지요. 이슬람교를 믿는 사람들을 '무슬림'이라고 하는데 이는 '복종하는 사람'이라는 뜻이에요. 그리고 이슬람교의 경전은 《꾸란》이에요. 꾸란은 '읽다', '읊다'라는 뜻이에요. 무함마드가 가브리엘 천사로부터 받은 신의 계시를 그대로 읽은 것이라는 의미이지요.

천사 가브리엘

가브리엘은 유대교와 기독교의 《성경》에도 나오는 천사예요. 마리아에게 예수를 낳을 것이라고 알려 준 천사가 바로 가브리엘이었지요.

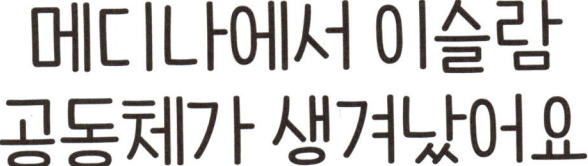

이슬람 공동체의 탄생
메디나에서 이슬람 공동체가 생겨났어요

무함마드는 신의 계시를 사람들에게 전하기 시작했어요.

"신은 오직 한 분, 알라뿐이다. 우상을 섬기는 것을 멈추어라."

당시 아라비아 반도의 메카 사람들은 부족마다 다른 신을 섬기고 있었어요. 그런 그들에게 자신들의 신을 버리고 알라를 믿으라는 것은 조상 대대로 이어 오던 전통을 버리라는 것과 같았어요. 사람들은 그런 무함마드를 비웃었어요. 하지만 무함마드는 계속해서 사람들에게 알라의 말을 전했어요.

"어린아이를 함부로 죽이지 말라! 머지않아 신의 심판을 받을 것이다."

무함마드는 여자아이를 죽이는 당시 아라비아 반도의 풍습을 비판했고, 올바르게 사는 법에 대해서 이야기했어요. 시간이 지나면서 무함마드를 따르는 사람들이 점점 늘어났어요. 그러자 메카의 부족들은 무함마드를 위험한 인물로 여겨 죽이려고 했어요.

그 무렵 북쪽에 있는 야스리브라는 도시에서 한 무리의 사람들이 무함마드를 찾아왔어요.

"선생님은 정의롭고 지혜로운 분이십니다. 저희들의 지도자가 되어 주십시오."

무함마드는 그들의 부탁을 받아들여 622년에 야스리브로 가서 그곳을 다스리기 시작했어요. 무함마드는 신의 말을 전하는 예언자이자 도시를 다스리는 정치가, 재판을 하는 판사, 군사를 움직이는 사령관 역할을 했어요.

무함마드는 겸손했고, 자비로웠으며, 모든 일을 공정하고 현명하게 처리했어요. 사람들은 무함마드를 사랑하고 존경했으며 그의 말에 따랐어요. 자연스럽게 야스리브에 무함마드를 중심으로 하는 이슬람 공동체가 만들어졌어요. 야스리브는 '예언자의 도시'라는 뜻의 '메디나'로 불리게 되었어요.

무함마드가 메디나로 간 것은 이슬람교에서 대단히 중요한 사건이었어요. 메디나에서 처음으로 이슬람교를 바탕으로 한 종교, 정치, 사회, 문화 공동체가 만들어졌기 때문이에요. 메디나에서 탄생한 이슬람 공동체는 훗날 세계의 주요 문명 중 하나가 되었어요. 그래서 이슬람교에서는 무함마드가 메디나로 옮겨 간 해인 622년을 이슬람교의 원년(어떤 일이 시작되는 해)으로 삼았어요. 그래서 이슬람 달력은 622년부터 시작한답니다.

아라비아 반도의 통일
아라비아가 이슬람교로 통일되었어요

"무함마드가 메디나로 옮겨 가서 이상한 종교 집단을 만들었다는군."
"이대로 내버려 두면 안 되겠어! 우리를 위협할지도 몰라."
무함마드의 세력을 탐탁지 않게 생각한 메카는 메디나를 여러 번 공격했어요. 무함마드가 이끄는 메디나는 메카에 비해 군사 수가 적었음에도 불구하고 매번 승리를 거두었지요. 무함마드가 연이어 승리하는 것을 본 아라비아 반도의 부족들은 하나둘 무함마드를 찾아왔어요.

"우리는 예언자 무함마드와 동맹을 맺기를 원합니다."

무함마드와 동맹을 맺은 아리비아 반도 부족들은 이슬람교를 받아들였어요. 그러면서 무함마드의 힘은 점점 더 커졌지요. 결국 메카는 더 이상 무함마드와 싸울 수 없게 되었어요.

630년, 무함마드는 드디어 메카를 정복했어요. 메디나로 떠난 지 8년 만의 일이었지요.

"알라를 찬양하고 그분께 용서를 구하라. 그분은 용서해 주실 것이다."

무함마드는 자신을 죽이려 했고, 끊임없이 메디나를 공격했던 메카의 적들을 용서했어요. 그리고 이런 명령도 내렸지요.

"이제부터 믿음의 공동체인 움마에 충성하라!"

움마는 아랍 어로 '신앙 공동체'라는 뜻이에요. 움마는 무함마드가 메디나에 세웠던 이슬람 공동체로 교회이자 국가를 의미해요.

당시 아라비아 반도는 여러 부족으로 나뉘어 있었고, 다른 부족들과 전쟁도 많았어요. 그러다 무함마드가 메카를 정복하면서 아라비아 반도를 이슬람교로 통일했어요.

무함마드는 이렇게 말했지요.

"내가 하는 말을 잘 듣고 명심하십시오. 모든 무슬림은 형제입니다."

무함마드는 아라비아 반도를 통일했을 뿐만 아니라 종교를 바탕으로 정치와 경제, 문화 등이 하나된 이슬람 공동체와 이슬람 문화를 이루어 냈어요.

지금도 무슬림들은 나라와 민족을 넘어 이슬람 공동체에 속한 형제라고 생각해요. 그래서 무슬림들은 국경을 뛰어넘어 하나로 뭉칠 수 있는 거예요.

이슬람교의 확대

한 손에는 칼,
한 손에는 《꾸란》?

무함마드가 죽은 뒤에도 이슬람 세력은 계속해서 커졌어요. 636년에는 페르시아를, 637년에는 예루살렘을 점령하고 641년에는 이집트까지 뻗어 나갔지요. 711년에는 지중해를 건너 스페인 지역을 정복했어요. 동쪽으로는 중앙아시아를 비롯해 인도 북부와 중국 서부 지역까지 차지했어요. 무함마드가 아라비아 반도를 통일한 이후 100년도 채 지나지 않아 아시아와 아프리카, 유럽에 걸친 대제국을 건설한 거예요.

이슬람 제국이 정복한 많은 지역들은 비잔티움 제국과 페르시아 제국의 지배를 받던 곳이었어요. 무자비하고 억압적인 지배에 짓눌린 곳들이었지요. 반면 이슬람 제국은 그곳을 너그럽게 다스렸어요. 그래서 사람들은 이슬람 군대를 침략자로 여기기보단 자신들을 고통에서 해방시켜 주기 위해 왔다고 여기기도 했어요.

이슬람교는 세계 종교 역사상 가장 빠른 속도로 퍼져 나갔어요. 이것을 두고 서양 사람들은 이슬람이 무력으로 다른 나라를 점령하고 강제로 이슬람교를 믿게 했다고 주장했어요. '한 손에는 칼, 한 손에는 《꾸란》'이라는 말을 쓰면서요. 이 말은 《꾸란》을 받아들여 무슬림이 되지 않으면 칼로 죽임을 당할 것이라는 뜻이에요. 하지만 이 말은 이슬람교를 싫어하는 사람들이 지어낸 말이고, 실제로 《꾸란》에는 이렇게 쓰여 있어요.

"신께서 원하신다면 모든 사람에게 한 종교만을 주셨을 것이다. 그러나 신은 그렇게 하지 않았다."

"믿음은 오직 신에게서 오는 것이다. 그런데 어찌 사람들에게 믿음을 강요하겠는가?"

즉, 종교를 강요하지 말라고 가르치고 있어요. 이슬람 제국은 사람들을 칼로 위협해서 강제로 이슬람교를 믿게 한 것이 아니라 세금을 내면 누구든 자유롭게 자신의 종교를 믿을 수 있도록 해 주었지요.

이슬람교의 이런 너그러운 태도가 오히려 이슬람교가 널리 퍼지는 데 결정적인 역할을 했어요. 사람들은 이슬람교에 좋은 인상을 가지게 되었고, 자연스럽게 이슬람교에 관심을 보였어요. 또한 모든 사람은 신 앞에 평등하고, 모든 무슬림은 형제라는 이슬람교의 가르침도 사람들의 마음을 움직였어요.

수니파와 시아파
이슬람교는 수니파와 시아파로 나뉘었어요

무함마드가 갑자기 세상을 떠나자 그 뒤를 이을 후계자, 즉 칼리프를 세워야 했어요. 칼리프는 이슬람 제국의 종교와 정치를 다스리는 사람을 가리켜요. 그런데 무함마드는 아들도 없었고 후계자도 정하지 않은 채 세상을 떠났어요. 그러다 보니 후계자를 정하는 문제를 두고 의견이 분분했지요.

"신은 예언자 무함마드를 선택했다. 신의 선택을 받은 무함마드의 집안사람이 무함마드의 뒤를 이어야 한다."

이런 주장을 했던 사람들은 훗날 '시아파'라고 불렸어요. 시아파는 무함마드의 사촌인 알리를 중심으로 뭉쳤어요. 반대로 핏줄에 상관없이 칼리프를 뽑아야 한다고 주장했던 사람들은 '수니파'라그 불렸지요.

세 번째 칼리프까지는 큰 충돌 없이 회의를 통해서 뽑았어요. 그런데 세 번째 칼리프인 우스만이 암살당하는 사건이 일어났어요. 이 사건으로 이슬람교가 둘로 나뉘었어요. 우스만을 따르던 사람들은 알리와 그를 따르는 시아파가 우스만을 죽였다고 생각했어요.

알리가 네 번째 칼리프가 되자 수니파들이 반란을 일으켜 알리를 죽였어요. 그 뒤 수니파의 무아위야가 권력을 잡아 새로운 칼리프가 되었어요.

"무함마드의 후계자가 될 자격도 없는 사람들이 칼리프 자리를 차지하고 있는 것을 용납할 수 없다."

시아파는 알리의 아들 후세인을 앞세워 반란을 일으켰지만 실패하고 말았어요. 이후로 두 세력의 분열은 더욱 커져 지금까지 계속되고 있어요.

수니파는 '전통을 따르는 파'라는 뜻으로 이슬람 인구의 대부분인 85퍼센트 이상을 차지해요. 사우디아라비아, 이집트, 터키 등을 비롯한 대부분의 나라가 수니파에 속하지요.

시아파는 '분리되어 나온 파'라는 뜻으로 이슬람 인구의 15퍼센트 정도를 차지해요. 이란이 대표적인 시아파의 나라예요. 시아파는 칼리프를 인정하지 않고 지도자를 따로 세웠어요. 시아파의 지도자를 이맘이라고 해요.

수니파와 시아파는 따로 발전하면서 신학고 생활 방식에도 차이가 생겨났어요. 하지만 《꾸란》을 절대적으로 믿고 무함마드를 따른다는 점은 같아요.

무슬림의 생활을 지배하는 위대한 경전

천사 가브리엘은 무려 23년 동안 무함마드에게 신의 말씀을 전했어요. 무함마드는 자신이 들은 신의 말씀을 그대로 사람들에게 전했어요. 이것을 받아 적은 것이 바로 《꾸란》이에요. 이슬람교에서는 《꾸란》이 무함마드가 들은 신의 계시를 바로 적은 것이기 때문에 가장 확실한 계시라고 믿어요. 그런데 《성경》 또한 신의 계시라고 인정해요.

《구약 성경》은 모세가 이집트를 탈출한 지 수백 년이 지나서야 책으로 기록되었어요. 《신약 성경》도 예수가 세상을 떠나고 70여 년이 흐른 뒤에 만들어졌어요. 《성경》이 책으로 나오기 전까지는 하나님의 말씀이 사람들의 입에서 입으로 전해졌지요. 그러다가 개개인의 생각이 들어가기도 하고 내용이 빠지기도 하면서 신의 계시가 처음과 달라졌다고 무슬림들은 생각해요. 그에 비해 《꾸란》은 직접적인 신의 계시이기 때문에 그 어떤 경전보다 권위가 크다고 믿어요.

《꾸란》은 아랍 어로 적혀 있는데 이것을 번역하는 것이 금지되어 있어요. 다른 언어로 번역하면 본래의 의미가 달라질 수 있기 때문이에요. 다른 말로 번역된 《꾸란》은 번역이 아니라 '해석'이라고 해요. 그리고 다른 말로 옮기더라도 아랍 어를 함께 적어야 해요.

무함마드는 학교 교육을 제대로 받지 않았기 때문에 자기 이름을 겨우 쓸 정도였다고 해요. 그런데 《꾸란》에는 다양하고 방대한 지식이 담겨 있어요. 심지어 문법적으로도 완벽하고 문학적인 문장들로 채워져 있지요. 이것을 보더라도 《꾸란》은 무함마드의 말이 아니라 신의 말씀을 그대로 옮긴 것이라고 이슬람교도들은 확신하고 있어요.

《꾸란》은 신학을 비롯해 윤리, 역사, 법률, 생활 지침 등 다양한 내용을 담고 있어요. 단순한 종교 경전이 아니라 무슬림의 생활 전체를 지배하는 책이지요. 이슬람의 법은 《꾸란》을 기초로 만들어졌고, 무슬림들이 지켜야 할 규칙들도 《꾸란》의 가르침을 따르고 있어요. 무슬림은 《꾸란》을 낭독하는 소리를 듣고 태어나, 평생 동안 《꾸란》을 낭독하고, 《꾸란》을 낭독하는 소리를 들으면서 죽는다고 할 정도로 《꾸란》을 가까이하고 소중히 여겨요.

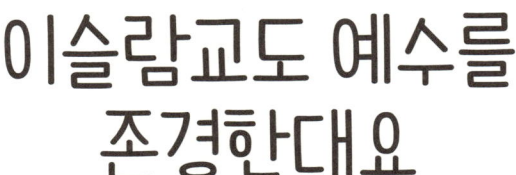

이슬람교도 예수를 존경한대요

"마리아의 아들로서 그의 이름은 메시아 예수이다. 그는 지금 세상과 천국의 훌륭한 주인이시며, 신 가까이 있는 자 가운데 한 분이다."

마리아가 천사에게 말했다.

"제가 어떻게 아이를 가집니까? 저는 아직 결혼도 하지 않았습니다."

천사가 말했다.

"신께서 원하시면 그렇게 된다."

신이 예수를 불러 말했다.

"예수야, 내가 너를 내가 있는 하늘로 승천하게 할 것이다.'"

이것은 《꾸란》에 나와 있는 내용들이에요.

이슬람교는 기독교의 예수를 인정하지 않을 것 같지만, 사실 그렇지 않아요. 무슬림들은 예수를 부를 때 '존경하는 예수' 혹은 '평화가 그분에게 깃들기를' 등을 붙여서 최고의 존경을 표시해요. 예수가 세상을 구하기 위해 온 메시아 중 하나라고 인정하지요. 하지만 예수를 신의 아들이라고 인정하지는 않아요. 《꾸란》에 따르면 신은 스스로 완벽하기 때문에 자식을 가질 필요가 없대요. 신이 아담을 만든 것처럼 예수도 신의 기적으로 태어난 건 맞지만 신의 아들은 아니라는 거예요.

《꾸란》에는 많은 예언자들이 나와요. 신은 인류 역사에서 그때그때 필요한 예언자를 보냈는데 무려 12만 4,000명의 예언자가 있었다고 해요. 그중에서 《꾸란》에 이름이 기록된 사람은 스물여덟 명이에요. 이들은 아담, 아브라함, 모세, 다윗, 솔로몬, 엘리야, 세례 요한, 예수 등이에요. 스물여덟 명 중 스물한 명이 《성경》에도 등장하는 인물들이지요.

이슬람교에서는 신은 많은 예언자들을 인간 세상으로 보냈고 그중 네 명에게 중요한 계시를 내렸다고 해요. 첫째 아브라함을 통해서 신은 오직 한 분이라는 계시를 내렸고, 둘째 모세를 통해서 십계명을 내렸어요. 셋째 예수를 통해서 '네 이웃을 네 몸과 같이 사랑하라'는 계명을 내렸지요. 그리고 마지막으로 무함마드를 통해서 신의 계시가 완성되었어요. 무함마드는 신의 마지막 예언자예요. 무함마드 이후에는 예언자가 없지요.

알라
이슬람교의 알라와 기독교의 하나님이 같다고요?

2007년 말레이시아 정부는 다음과 같은 발표를 했어요.

"이슬람교가 아닌 다른 종교에서 '알라'라는 말을 사용하는 것은 오해와 혼란을 일으킨다. 따라서 이슬람교가 아닌 다른 종교에서는 알라라는 말을 사용할 수 없다."

말레이시아 정부가 이런 발표를 한 것은 말레이시아의 기독교 때문이었어요. 말레이시아 기독교에서 발행하는 신문에서 기독교의 하나님을 '알라'

라고 표현했거든요. 그뿐만 아니라 《성경》을 번역할 때도 하나님을 알라라고 번역했어요. 그러자 이슬람교를 국교로 삼고 있는 말레이시아 정부가 기독교의 하나님을 알라로 번역하는 것을 금지시킨 거예요. 이에 불만을 품은 말레이시아 기독교는 정부의 명령이 잘못되었다며 법원에 재판을 걸었어요. 2009년, 말레이시아 법원은 다음과 같은 판결을 내렸어요.

"알라라는 말은 이슬람교만 사용할 수 있는 단어가 아니다. 말레이시아 정부는 이 단어를 무슬림이 아닌 국민들도 사용할 수 있게 해야 한다."

이 판결로 말레이시아 기독교는 기독교의 신을 알라라고 쓸 수 있게 되었어요. 로마 교황청에서도 기독교의 하나님을 알라라고 쓰는 것에 찬성한다고 했어요. 그러자 말레이시아에 있는 무슬림들이 들고일어났어요. 기독교는 알라라는 말을 쓰지 말라고 시위를 벌인 것이었지요. 그러다 2014년, 말레이시아 대법원은 기독교가 신의 이름으로 '알라'를 쓰는 것을 금지시켰어요.

'알라'란 특정한 어떤 신의 이름이 아니에요. 알라는 '하나밖에 없는 신'이라는 뜻이지요. 그러니까 알라는 이슬람교의 신의 이름이 아니라 유일한 신을 뜻하는 말이에요. 그래서 말레이시아의 《성경》이나 각종 종교책에서는 신을 알라라고 써 왔어요. 하지만 말레이시아 정부는 '알라'가 이슬람 용어이기 때문에 다른 종교에서 사용하면 무슬림에게 혼란을 줄 수 있다고 주장해요. 여전히 두 입장은 팽팽히 맞서고 있어요. 참그로 우리나라 무슬림들은 알라를 하나님으로 번역해 부르고 있지요.

야훼, 하나님, 알라는 모두가 같은 신이에요

유대교의 야훼, 기독교의 하나님, 이슬람교의 알라는 이름만 다를 뿐, 모두 같은 신이에요. 그리고 세 종교 모두 아브라함을 조상으로 여기며, 《구약 성경》을 믿지요.

이슬람교의 다섯 기둥

무슬림들이 지켜야 할 다섯 기둥이 있대요

무슬림에게는 행동으로 실천해야 할 다섯 가지 의무가 있어요. 이것을 이슬람교의 '다섯 기둥'이라고 해요.

첫 번째 기둥은 고백이에요.

"알라 외에 다른 신은 없으며 무함마드는 그의 예언자이다."

이슬람교를 믿는 사람이라면 이 말을 전적으로 믿고 진지하게 고백을 해야 해요. 이것은 이슬람교를 믿는 사람이 꼭 해야 하는 기본이에요.

두 번째는 기도예요. 무슬림은 새벽에 일어났을 때, 점심 때, 오후, 해가 진 후, 자기 전, 이렇게 하루에 다섯 번씩 기도를 해요. 기도할 때는 몸을 깨끗이 하고 메카를 향해 절을 하면서 기도를 해요. 특히 금요일 정오에는 이슬람교의 사원인 모스크에 모여 함께 기도를 하지요.

세 번째는 헌금이에요. 이슬람교에는 자카트라는 헌금이 있어요. 자기 재산의 40분의 1을 헌금으로 내는 거예요. 이 돈은 가난한 사람, 장애인 등 《꾸란》에서 정한 사람들을 위해 쓰여요. 자카트는 이슬람교에서 복지와 정의를 실현하는 방법이지요.

네 번째는 라마단에 행하는 금식이에요. 라마단은 이슬람 달력으로 9월인데, 무함마드가 천사 가브리엘로부터 신의 계시를 받은 달이에요. 무슬림은 라마단을 신성하게 여겨서 이 기간 동안 해가 떠 있는 낮 시간에는 음식과 물을 먹지 않아요. 무슬림은 금식을 하면서 인간의 나약함과 굶주린 사람들의 어려움을 깨달아 욕심을 버리고 가난한 사람을 돕는 마음을 키우지요.

다섯 번째는 성지 순례예요. 무슬림은 일생에 적어도 한 번은 메카로 순례를 가야 해요. 메카에 도착하면 자기 옷을 벗고 흰옷으로 갈아입어요. 모든 사람이 같은 옷을 입기 때문에 신분을 떠나서 모두가 신 앞에 동등하게 서는 것이에요. 나라와 민족을 떠나서 모두가 신의 이름으로 하나가 되지요.

이슬람교의 다섯 기둥은 말 그대로 이슬람 사회를 받치고 있어요. 이 다섯 가지 기둥이 있기에 이슬람교와 이슬람 사회가 유지되고 발전할 수 있었어요. 무슬림들은 이 다섯 기둥을 통해 신에게 가까이 갈 수 있고, 신이 원하는 사회 정의와 평등이 실현될 수 있다고 믿는답니다.

이슬람교와 기독교는 왜 사이가 나쁜가요?

　무함마드는 대제국을 건설한 이후에도 기독교와 유대교를 같은 신을 믿는 종교로 인정해 종교의 자유를 보장해 주었어요. 이러한 전통은 무함마드가 죽은 후에도 계속되었어요. 638년, 예루살렘을 점령한 뒤에도 이슬람 제국은 끝까지 유대 인과 기독교인을 박해하지 않았어요. 예루살렘은 유대교와 기독교의 성지이므로 그들이 성지 순례를 오는 것 또한 막지 않았지요. 그래서 400여 년 동안 예루살렘에서는 유대교, 기독교, 이슬람교가 평화롭게 어울렸어요.

그런데 1095년, 로마 교황이 이런 주장을 했어요.

"하나님을 적으로 여기는 이슬람이 기독교의 성지 예루살렘을 침탈했다! 그들은 더러운 손으로 성스러운 교회를 더럽히고 있다. 예루살렘을 되찾자!"

결국, 1096년 십자군 전쟁이 일어났어요. 사실 이때까지만 해도 유럽 사람들은 이슬람교가 어떤 종교인지도 잘 몰랐어요. 이슬람교를 다신교(많은 신을 믿는 종교)로 생각하기도 했고, 무함마드를 미치광이나 사탄의 심부름꾼으로 여기기도 했지요.

"이슬람교가 이 땅을 더럽혔다. 무슬림의 피로 성지를 깨끗이 씻어 내야 한다."

1099년, 예루살렘으로 들어온 십자군은 닥치는 대로 사람들을 죽였어요. 힘없는 여자나 노인, 아이까지 모조리 죽였어요. 황금을 찾는다며 무덤을 파내고, 사람의 배를 가르기도 했어요. 예루살렘과 그 주변 도시들은 피로 물들었어요. 이런 끔찍한 학살을 본 무슬림들은 치를 떨며 분노했어요.

"우리 형제를 잔인하게 죽인 악마 같은 십자군을 가만둘 수 없다. 우리도 성스러운 전쟁을 시작할 것이다!"

무슬림들은 복수를 위해 피비린내 나는 전쟁을 시작했어요.

십자군 전쟁으로 인해 무슬림들은 기독교를 적으로 여기기 시작했어요. 전쟁은 약 200년이 지나서야 가까스로 막을 내렸지만 두 종교의 갈등은 계속되었지요. 그리고 팔레스타인 땅에 예루살렘이 세워지면서 갈등은 더 심해졌어요.

이슬람교 근본주의
이슬람교의 전통적인 가르침을 문자 그대로 받아들였어요

아프가니스탄 바미얀 지역에는 절벽을 깎아 만든 거대한 석불들이 있었어요. 2~5세기에 만들어진 석불로 유네스코 세계 문화유산이었어요.

그런데 아프가니스탄 정권을 차지한 탈레반 무장 세력이 이 석불들을 파괴하겠다고 발표했어요. 유엔과 유네스코, 세계 각국은 물론 파키스탄, 터키, 이집트 등 대다수 이슬람 국가들도 석불 파괴를 반대했지요. 하지만 탈레반 정권은 2001년 3월, 로켓과 폭탄을 쏘아 바미얀 석불들을 산산조각 냈어요.

"우상을 숭배하는 것은 이슬람에서 금지되어 있다. 석불은 우상이므로 없애야 한다."

이것이 탈레반의 논리였어요. 귀중한 문화유산이 우상이라는 이름으로 가루가 되어 버렸지요.

탈레반은 이슬람교의 전통적인 가르침을 글자 그대로 해석했어요. 도둑질을 했으면 그의 팔을 자르고, 여자가 학교에 다니거나 사회 활동을 하는 것을 막았어요. 서양의 영향을 받은 음악이나 영화는 가까이하지 못하게 했고, 머리칼이나 수염을 자르는 것까지 간섭했어요.

이렇게 이슬람 전통의 가르침을 글자 그대로 지키려는 것을 '이슬람교 근본주의'라고 해요. 이슬람교 근본주의는 슬픈 역사 속에서 나왔어요.

중세 시대에 이슬람 사회는 유럽의 기독교 사회보다 기술과 학문, 문화가 훨씬 발달해 있었어요. 하지만 17세기부터 유럽이 빠르게 발전하더니 강대국이 된 유럽 나라들이 이슬람 국가들을 식민지로 삼았어요. 20세기 초에는 이슬람 국가 대부분이 영국, 프랑스 등 유럽 나라들의 식민지가 되었지요.

유럽의 지배를 받기 시작하면서 이슬람 사회는 전통이 무너지고 많은 분야에서 서양의 영향을 받았어요. 이것에 반발해서 이슬람 전통을 지키기 위한 운동이 일어났고, 그중 일부가 이슬람교 근본주의로 변했지요.

근본주의

근본주의는 이슬람교뿐만 아니라 다른 종교에도 있어요. 개신교에도 《성경》에 쓰인 내용을 글자 그대로 지켜야 한다는 개신교 근본주의가 예전부터 있었지요. 근본주의를 나쁘게 볼 수는 없지만, 시대의 변화를 인정하지 않고 다른 종교의 타협을 거부하고 충돌한다는 점은 큰 문제예요.

이슬람교와 여성

이슬람교에서는 여성의 인권을 무시하나요?

　이슬람 여성들은 외출할 때 히잡, 부르카, 차도르와 같은 천을 둘러야 해요. 어떤 것은 머리만 가리고, 심한 경우에는 눈만 보이게 하고 온몸을 천으로 가리기도 하지요. 여자는 투표를 할 수 없거나 교육받지 못하는 이슬람 나라들도 있어요.

　그래서 이슬람교는 여성을 차별하는 종교라고 생각하기 쉬워요. 하지만 이런 전통이 생긴 데에는 여성을 보호하려는 의도가 있었어요.

이슬람교가 생기기 전, 아라비아 반도의 여자들은 사람 취급조차 받지 못했어요. 거친 사막에서 다른 부족과 전쟁을 치를 수 있는 남자만이 부족과 가족을 지킬 수 있었기 때문이에요. 여자가 아들을 낳으면 다른 가족이나 자신의 부족을 강하게 만들어 줄 수도 있었어요. 반면에 여자아이를 낳으면 모욕이나 수치로 여기기도 했어요. 심지어 갓 태어난 여자아이를 모래에 파묻어 죽여 버리는 일도 많았지요. 무함마드는 이것을 강하게 비판했어요.

"여자아이를 산 채로 묻는데 그 아이가 어떤 죄를 지었기에 죽이느냐? 여자아이를 죽이는 것을 멈추어라!"

《꾸란》에는 남자 한 명이 부인을 네 명까지 둘 수 있다고 써 있어요. 여기에도 역사적인 이유가 있지요. 이슬람교가 생길 당시에는 부족 간의 전쟁으로 많은 남자들이 목숨을 잃었어요. 남편을 잃은 여자들은 혼자서 가족을 돌봐야 했는데 여자 혼자서 하기에 어려운 일이었지요. 이들을 보살피기 위해 아내를 네 명까지 둘 수 있도록 한 거예요. 만일 남자가 여러 명의 부인들에게 공평하게 대하지 못하면 한 여자와 결혼해야 한다는 조건도 《꾸란》에 있지요.

또 결혼할 때는 여자의 동의를 얻어야 해요. 아무리 왕이라고 해도 여자의 동의가 없으면 결혼을 할 수 없지요. 그뿐만 아니라 여자도 부모나 친척이 남긴 유산을 물려받을 수 있었어요.

이처럼 무함마드는 여성의 지위를 높이기 위해 노력했어요. 이것은 이슬람교가 이룬 획기적이면서도 놀라운 변화였지요. 그런데 시간이 흐르면서 이슬람교의 정신은 옅어지고, 《꾸란》의 문구만 단순하게 따르는 경향이 생겼어요. 그래서 이슬람에서 여성의 사회 활동에 제약이 많은 것은 사실이에요. 하지만 이슬람교의 본디 정신은 여자를 차별하지 않는답니다.

이슬람교에 대한 오해

이슬람교는 테러를 잘 일으키는 종교인가요?

　2001년 9월 11일, 테러범에게 납치당한 비행기 네 대가 미국의 주요 건물로 날아갔어요. 두 대의 비행기는 뉴욕의 쌍둥이 빌딩에 부딪쳤어요. 한 대는 국방부 건물로 날아들고 나머지 한 대는 추락했지요. 미국 경제의 중심지인 뉴욕과 군사의 중심인 국방부가 한꺼번에 공격받은 거예요.

　이 사건으로 비행기에 타고 있던 사람들을 포함해 건물 안에 있던 3,000여 명의 사람들이 목숨을 잃었어요. 9·11테러라고 불리는 이 사건은 오사마

빈 라덴을 지도자로 둔 이슬람 단체가 일으켰지요.

"미국이 당한 것은 우리가 그동안 당한 것의 그림자에 불과하다. 우리 이슬람 국가에서는 80년 넘게 아들들이 죽임을 당했고, 성지들이 짓밟혔다."

9·11테러 후, 빈 라덴은 이렇게 말하며 미국에 대한 공격은 정의를 실현하기 위한 '지하드'라고 했어요. 지하드는 '성전', 즉 '거룩한 전쟁'이라는 뜻이에요. 하지만 《꾸란》에서는 다음과 같이 가르치고 있어요.

"침략하는 자들에 대항하여 싸우는 것은 너희에게 허락되었다. 모든 잘못은 침략자들에게 있다."

"너희를 공격하는 적들에게 맞서 싸우되 먼저 공격하지 말라. 신은 먼저 공격하는 자들을 사랑하지 아니하신다."

이슬람교에서는 평화를 사랑하지만 자신들이 공격받을 경우 이에 맞서 싸우는 것은 정당하다고 가르쳐요. 하지만 9·11테러처럼 일반 사람들을 무모하게 죽이는 것은 지하드가 아니지요.

지하드는 거룩한 전쟁이라는 뜻이지만 총칼을 들고 싸우는 것만 의미하지는 않아요. 지하드의 본래 뜻은 '신을 위한 노력'이에요. 신을 사랑하고, 올바른 행동을 하고, 신의 말씀을 전하고, 가난하고 약한 사람들을 돕는 일 등이 모두 지하드예요.

이슬람 테러 단체들은 그동안 많은 테러를 일으켰어요. 그래서 이슬람이라고 하면 테러를 떠올리는 사람들이 많아요. 하지만 과격한 테러를 일으키는 사람들은 무슬림 가운데 극히 일부분이에요. 대다수 무슬림들은 평화를 사랑하며 테러 단체들이 벌이는 테러는 지하드가 아니고 이슬람의 정신을 해치는 거라며 비난한답니다.

'힌두'란 인도를 가리키는 말이며, 지금도 힌두교 신자의 대부분이 인도에 살고 있는 등 인도와는 뗄 수 없는 관계에 있어요. 힌두교는 약 5,000년 전에 시작되어 역사가 매우 오래되었어요. 요가, 윤회, 카스트 제도 등이 힌두교와 관련이 깊답니다.

5장

생활이 곧 종교인 힌두교

- 힌두교의 특징
- 힌두교의 역사
- 윤회
- 카스트 제도
- 목샤
- 요가
- 브라흐마, 시바, 비슈누
- 인도의 종교 분쟁

힌두교의 특징

힌두교는 가장 오래된 역사를 가지고 있대요

"야즈나발키야 님, 이 세상에는 얼마나 많은 신이 있습니까?"

사칼리야가 힌두교의 현명한 스승인 야즈나발키야에게 물었어요.

"신들에게 바치는 노래 수만큼 많은 신이 있다."

"알겠습니다. 그런데 그 신들에게는 얼마나 많은 신이 있습니까?"

사칼리야가 다시 물었어요.

"서른셋이 있다."

"그렇다면 거기에는 얼마나 많은 신들이 있습니까?"

"여섯이다."

사칼리야는 계속 물었어요.

"그렇다면 거기에는 얼마나 많은 신이 있습니까?"

"둘이다."

"알겠습니다. 그렇다면 거기에는 얼마나 많은 신이 있습니까?"

"하나다."

이것은 힌두교의 경전인 《우파니샤드》에 나오는 이야기예요. 이 대화는 힌두교의 신에 대해서 잘 보여 주고 있어요. 세상에는 셀 수 없이 많은 신이 있지만 힌두교의 신은 오직 하나라고 해요. 힌두교의 가장 중요한 경전인 《리그베다》에도 "실재는 하나이지만 사람들은 그것을 다양하게 부른다."라고 나와 있어요. 신은 하나인데 이름과 생김새가 다를 뿐이라는 거예요.

힌두교는 기원전 3000년에서 기원전 2000년 사이에 인도에서 생겨난 종교예요. 세계의 주요 종교 가운데 역사가 가장 오래되었지요. 그런데 힌두교는 무함마드가 세운 이슬람교, 예수가 세운 기독교 등과 달리 만든 사람이 없어요. 예부터 내려오던 토속 신앙들이 섞여 자연스럽게 만들어진 거예요.

힌두교의 힌두는 인도 지역을 가리키는 인도 말인 '신두'에서 나왔어요. 쉽게 말해 힌두교는 '인도의 종교'라는 뜻이지요. 힌두교 신자는 약 9억 명으로 기독교와 이슬람교 다음으로 큰 종교예요. 힌두교 신자의 90퍼센트 이상이 인도에 살고 있지요. 네팔의 대다수 사람들이 힌두교를 믿고, 인도네시아, 말레이시아 등에도 힌두교 신자들이 있어요.

힌두교의 역사

세계 종교 가운데
가장 복잡한 종교래요

기원전 3000년에서 기원전 2000년 사이, 인도의 인더스 강 부근에서 세계 4대 문명 가운데 하나인 인더스 문명이 생겨났어요.

인더스 문명 속에서 생활한 사람들은 물의 신, 불의 신 등 여러 신들을 섬겼어요. 또한 사람을 비롯해 모든 생명은 한 번 죽음으로써 끝나는 것이 아니라 계속 다시 태어난다고 믿었지요. 이게 바로 힌두교의 시작이었어요.

그러다 기원전 1500년경 중앙아시아에 살던 아리아 인들이 인도로 쳐들어왔어요. 아리아 인들은 인더스 문명의 전통 종교와 자신들의 종교를 합쳐 힌두교를 새롭게 발전시켰어요.

초기 힌두교를 믿던 아리아 인들은 이 세상을 만든 신들에게 감사를 드리는 마음으로 제사를 열심히 지냈어요. 제사를 주관하는 힌두교 사제인 브라만은 나중에는 제사 자체가 성스러운 힘이 있다고 믿기 시작했어요. 급기야 제사를 통해서 신들을 자신들이 원하는 대로 움직일 수 있다고 생각했지요.

"신들을 마음대로 움직일 수 있는 우리는 신들을 지배하는 사람이야!"

이렇게 브라만은 신을 지배하는 존재가 되었어요. 그리고 스스로 신과 같은 지위를 차지했지요. 반면에 인도 원주민들은 자연스럽게 신분 계급이 아래로 떨어지고 말았어요. 결과적으로 인도에 신분 제도가 정착되기 시작한 거죠.

이후 브라만은 신들보다 위에 있는 절대적인 존재에 관심을 가졌어요.

"이 세상을 있게 한 우주의 근원은 무엇일까?"

힌두교에서는 이런 철학적인 문제들을 고민하기 시작했어요.

인더스 문명에서 시작된 힌두교는 아리아 인들의 종교와 합쳐지면서 발전했어요. 그리고 오랜 세월이 흐르면서 점차 변하고 새로운 사상들이 계속 만들어졌어요. 이렇게 힌두교는 수천 년에 걸쳐 많은 사람들에 의해 만들어졌기 때문에 통일된 종교 체계가 없어요. 사람다다 믿는 신이 다르고 아예 신이 없다고 믿는 사람도 있어요. 신을 숭배하는 방법 또한 제각각이지요. 그래서 세계 종교 가운데 가장 복잡한 종교라고 한답니다.

윤회

모든 생명은
다시 태어난대요

이 세상이 처음 생겨났을 때, 모든 만물은 신의 자식으로 태어났어요. 모두가 신의 자식이기 때문에 신처럼 죽지 않았지요. 그런데 죽지 않고 새롭게 태어나기만 하자 생명체의 수가 폭발적으로 늘어났어요. 급기야 그들을 떠받치던 땅의 여신은 무게를 견딜 수 없었지요.

"이 세상에 생명체가 너무 많아 무겁습니다. 이대로 가다가는 무게 때문에 저는 바다에 가라앉고 말 것입니다."

생명체를 만들어 낸 신은 땅이 바닷속으로 가라앉는 것을 그냥 둘 수 없었어요. 그래서 거대한 불길로 생명체들을 태워 버리려고 했어요. 그때 다른 신이 이를 말렸어요.

"자신이 만든 생명체를 불에 태워 없애지 마십시오."

"나도 그러고 싶지만 계속 늘어나는 이들을 어떻게 한단 말이오? 가만히 두면 땅이 바다에 가라앉고 말 것입니다."

"저에게 좋은 방법이 있습니다. 생명체 가운데 반은 땅에 두고, 반은 하늘에 두는 겁니다. 땅에 사는 생명 가운데 반은 하늘에 올라와 살게 하고, 때가 되면 다시 땅으로 내려 보내는 것입니다. 이렇게 계속 반복하는 것입니다."

신은 기뻐하며 그 말에 찬성했어요.

"좋습니다. 모든 생명체는 이제부터 하늘과 땅에 번갈아 가며 살게 될 것입니다. 땅에서 하늘로 올라오는 것을 죽음이라고 부를 것입니다."

인도 신화에서는 이 세상이 만들어졌을 때를 이렇게 이야기한답니다.

힌두교 신자들은 죽음은 끝이 아니라 다른 세계로 가는 것이라고 생각해요. 사람은 영원히 죽지 않는 존재이며, 삶은 계속해서 반복된다고 믿지요. 이렇게 죽지 않고 삶이 계속되는 것을 '윤회'라고 해요.

다시 태어날 때 무엇으로 태어날지를 결정해 주는 것이 '업'이에요. 착한 일을 많이 했으면 착한 업이 많이 쌓여 다음 생애에 좋게 태어나고, 나쁜 일을 많이 했으면 다음 생애에 안 좋게 태어나요. 사람이 아니라 개나 돼지, 심지어 벌레나 식물로 태어날 수도 있지요.

윤회를 믿는 것은 힌두교의 가장 큰 특징 가운데 하나예요. 이 특징은 힌두교의 영향을 많이 받은 불교에도 이어졌지요.

카스트 제도

사람의 신분이
네 가지로 나뉘었어요

거인 푸루샤는 천 개의 머리, 천 개의 눈, 천 개의 발을 가졌어요.

"내가 스스로 희생하여 이 세상을 만들겠다."

푸르샤가 이렇게 말하자 신들은 푸르샤의 몸을 떼어서 이 세상을 만들었어요. 푸르샤의 입은 브라만이 되고, 팔은 크샤트리아, 넓적다리는 바이샤, 발은 수드라가 되었어요. 자연의 모든 만물 또한 푸르샤의 몸에서 생겨났어요. 그의 눈에서 태양이 생겨났고, 그의 마음에서 달이 생겨났어요. 폭풍과

불은 입에서 나왔고, 바람은 숨에서 생겨났어요. 푸르샤의 머리는 하늘이 되었고, 배는 하늘과 땅 사이의 공간이 되었지요.

힌두교에는 다양한 창조 신화가 있는데 푸르샤 이야기는 그 가운데 하나예요. 인도의 신분 제도인 카스트 제도를 뒷받침하는 이야기이기도 해요.

푸르샤의 입에서 나온 브라만은 각종 시와 노래를 부르며 제사를 드리는 사제 계급이고, 팔에서 생긴 크샤트리아는 팔에 무기를 들고 싸우는 무사 계급, 혹은 왕족이에요. 넓적다리에서 나온 바이샤는 농업이나 상업 등에 종사하면서 사회를 지탱하는 평민이고, 발에서 나온 수드라는 가장 낮은 사람들로 노예나 하인들이에요. 그리고 이 네 계급에도 들지 못하는 사람들이 있는데, 그들을 접촉할 수 없는 천민이라는 뜻에서 불가촉천민이라고 해요.

카스트 제도에 따르면 계급은 태어나면서부터 정해져요. 브라만 집안에서 태어나면 브라만이 되고, 수드라 집안에서 태어나면 수드라가 되어요. 살면서 아무리 노력해도 계급을 바꿀 수 없어요. 서로 다른 계급과 결혼할 수 없고, 계급에 따라 할 수 있는 일도 정해져 있어요. 대부분의 인도 사람들은 이런 계급 차별을 전생의 업 때문이라고 생각하고 당연하게 받아들여요. 그리고 자기가 할 일을 잘하고 착하게 산다면 다음 생에서는 좋은 계급으로 태어날 것이라고 믿지요.

인도와 카스트 제도

사람을 신분에 따라 차별하는 카스트 제도가 오늘날의 관점에서 올바른 제도는 아니에요. 그래서 인도 정부는 1947년에 카스트 제도를 법으로 금지했지요. 하지만 인도 사회에서는 여전히 신분에 따른 차별이 존재하며, 수드라와 불가촉천민들은 계속 가난하게 살고 있어요.

목샤

가장 중요한 목표는
목샤에 이르는 거래요

"어떤 목표를 가지고 인생을 살아야 합니까?"
한 젊은이가 힌두교 스승을 찾아가 물었어요.
"네가 원하는 것이 무엇이냐?"
"저는 즐거움을 원합니다. 쾌락을 즐기면서 살고 싶습니다."
"네가 정말 쾌락을 원한다면 그것을 해라. 최대한 많이, 아름답게 즐겨라."
젊은이는 맛있는 음식을 먹고, 멋진 옷을 입고, 예쁜 여자들과 사랑도 즐졌어요. 하지만 만족할 수 없어서 다시 스승을 찾아갔어요.

"저는 많은 재산을 모으고, 높은 권력도 차지하고, 사람들에게 존경을 받고 싶습니다."

이번에도 스승은 훌륭한 목표라면서 젊은이 편을 들어 주었어요. 젊은이는 돈도 많이 모으고, 높은 자리에 올랐고, 명예도 얻었어요. 그래도 만족할 수 없었어요. 끝없이 많은 욕심이 생겼고, 욕심을 채우지 못해 괴로웠어요. 젊은이는 다시 스승을 찾아갔어요.

"저는 이제 욕심을 버리고 종교적 가르침과 도덕적 가르침을 따르고 다른 사람들을 위해 살겠습니다."

"그것 역시 훌륭한 목표다."

젊은이는 다른 사람들을 도와주며 살았어요. 자신만을 위해 살던 때보다 훨씬 큰 보람과 기쁨을 얻을 수 있었어요. 하지만 이것이 전부인가 하는 생각이 들었어요. 젊은이가 다시 스승을 찾아갔을 때, 스승이 말했어요.

"이제 알 때가 됐구나. 인생의 가장 중요한 목표는 목샤이다."

힌두교에서는 인생에 네 가지 생활 목표가 있다고 해요. 첫째는 쾌락, 둘째는 성공, 셋째는 도덕적 의무를 다하는 것, 넷째는 목샤예요.

다른 종교에서는 흔히 욕망이나 세속적인 것을 멀리하라고 가르쳐요. 하지만 힌두교에서는 욕망, 욕심을 나쁘게 여기지 않아요. 다만 그것이 인생의 전부는 아니고 다른 사람을 위해 살다가 마지막에 목샤에 이르는 것을 궁극적인 목표로 삼지요. 목샤는 윤회에서 벗어나는 것으로 해탈, 구원을 의미해요. 힌두교도들에게 끊임없이 다시 태어나는 것은 고통이에요. 아무리 돈이 많고 권력을 가진 사람이라도 걱정과 괴로움이 있기 때문이지요.

요가

요가는 목샤에 이르는 방법이에요

한 힌두교 수행자가 있었어요. 수행자는 자신이 섬기는 신에게 정성껏 예배를 드렸어요. 그러고는 강가에 앉아 명상을 하면서 깨달음을 얻기 위해 도를 닦았어요.

어느 날, 명상을 하다가 전갈이 물에 빠지는 것을 보았어요. 수행자는 얼른 전갈을 구해 주었어요. 그런데 전갈은 그의 손에 독침을 쏘고는 달아나 다시 물에 빠졌어요. 수행자는 다시 전갈을 물에서 건져 주었고, 이번에도 전갈은 수행자의 손에 독침을 쏘았지요. 그런데도 수행자는 다시 물에 빠진 전갈을 건져 주었어요.

"전갈을 구해 줘도 독침을 쏘는데 왜 계속 구해 줍니까?"

옆에서 수행자를 지켜보던 한 사람이 물었어요.

"독침을 쏘는 것은 전갈의 본성입니다. 내가 피해를 입더라도 어려움에 빠진 이를 구하는 것은 수행자의 본성이지요."

수행자의 이런 생활은 힌두교에서 목샤에 이르는 길을 보여 주고 있어요. 목샤에 이르는 길을 '요가'라고 해요.

요가라고 하면 보통 몸을 이리저리 비틀고 이상하게 꼬고 앉는 등의 운동을 생각하기 쉬워요. 하지만 힌두교에서 말하는 요가는 깨달음을 얻는 방법을 뜻해요. 요가는 '결합하다'는 뜻으로, 신과 인간을 연결해 하나가 되게 하는 방법이지요.

요가는 박티 요가, 즈나나 요가, 카르마 요가 등 여러 가지가 있어요. 목샤에 이르는 방법이 여러 가지인 것이지요. 어떤 요가에서는 신을 진실로 사랑하고 섬기는 방법으로 목샤에 이르게 하고, 어떤 요가에서는 남을 위해 봉사하는 방법으로 목샤에 이르게 해 주어요. 각 요가마다 수련 방법이 다른 것이지요. 하지만 기본적으로 모든 요가의 공통점은 '나'를 버리는 거예요. 나를 버리고 나보다는 신과 남을 위하고, 나라고 생각했던 나를 버려야 진정한 깨달음을 얻어 목샤에 이를 수 있지요.

힌두교를 대표하는 세 신이 있어요

"힌두교를 믿는 사람의 숫자만큼 신이 있다."

힌두교에는 이런 말이 있어요. 그만큼 힌두교에는 수많은 신들이 있다는 뜻이지요. 힌두교에서는 하나의 신에서 다른 신이 태어나기도 하고 하나의 신이 여러 모습으로 변하는데, 그때마다 이름이 달라지기도 해요. 건강을 주는 신, 부자가 되게 해 주는 신, 어려움에서 구해 주는 신 등이 있어 힌두교 신자들은 자기에게 필요한 신을 골라 기도를 해요. 힌두교에서는 신이 사람들을 선택하는 것이 아니라 사람이 신을 선택해 믿지요.

힌두교의 수많은 신 가운데서도 가장 중요한 세 신이 있어요. 브라흐마, 시바, 비슈누예요.

브라흐마는 창조의 신으로 이 세상을 만들었어요. 브라흐마는 아무것도 없던 우주를 해체하면서 생명체들을 만들어 냈지요.

시바는 파괴와 죽음의 신이에요. 파괴와 죽음이라는 무시무시한 신을 사람들이 믿는 이유는 파괴와 죽음이 새로운 것을 만들어 내기 때문이에요. 시바는 이전 것을 부수고 새로운 것을 만들어 내거든요. 시바는 사람과 동물들이 태어나고 죽는 것을 관리하는 신이기도 해요. 그래서 아이를 낳지 못하는 여인들은 시바에게 아기를 낳게 해 달라고 빌어요.

비슈누는 보존의 신이자 사랑과 자비의 신이에요. 세상이 혼란스러울 때마다 세상을 돕기 위해 여러 모습으로 나타났어요. 비슈누가 모습을 바꾸어 세상에 나타나는 것을 '아바타르'라고 해요. 현재 사이버 공간 등에서 아이콘이나 분신을 가리킬 때 쓰는 '아바타'라는 말이 아바타르에서 나왔지요.

현재 힌두교인들이 가장 많이 믿는 신은 시바와 비슈누예요. 브라흐마를 믿는 사람들은 거의 없어요. 세상을 만드는 일은 이미 끝났으니 더 이상 브라흐마에게 빌 것이 없기 때문이지요. 많은 힌두교인들은 시바와 비슈누를 잘 섬기기만 하면 목샤에 이를 수 있다고 믿어요.

힌두교의 비슈누와 불교의 붓다

힌두교에서는 불교를 세운 붓다가 비슈누의 아홉 번째 아바타르라고 해요. 그리고 불교가 힌두교의 한 종파라고 생각해요. 윤회, 업, 해탈 등 힌두교의 많은 교리들을 불교가 그대로 사용하기 때문이지요.

인도의 종교 분쟁
종교 때문에 인도가 세 나라로 갈라졌어요

인도를 다스리던 무굴 제국이 1700년대 들어와 힘을 잃자 영국이 이 틈을 노려 야금야금 인도 땅을 차지해 나갔어요. 1857년, 결국 인도는 영국의 식민지가 되었어요. 영국의 지배에 고통받던 인도 사람들은 나라를 되찾기 위해 독립 운동을 벌였어요. 독립 운동을 이끈 사람은 마하트마 간디였어요.

"절대 폭력을 써서는 안 됩니다. 폭력으로는 승리할 수 없습니다. 진정한 힘은 폭력이 아니라 꺾이지 않는 의지에 있습니다. 우리 모두가 영국을 따르지 않는다면 영국은 우리를 다스릴 수 없습니다."

간디의 비폭력 불복종 운동은 인도 전역으로 퍼져 나갔어요. 영국은 가혹하게 인도 사람들을 탄압했지만 인도 사람들은 이 운동을 멈추지 않았고, 1947년 마침내 독립을 이루었어요.

그런데 문제가 생겼어요. 오래전부터 인도 국민들 사이에 있던 종교 문제가 터진 거예요. 당시 인도는 국민의 4분의 1이 이슬람교를 믿었어요. 1000년 무렵에 이슬람교가 인도에 전해졌고, 영국 이전에 인도를 다스리던 무굴 제국도 이슬람 국가였지요. 하지만 국민 대다수는 여전히 그들의 전통 종교인 힌두교를 믿었어요.

"인도 사람 대부분이 힌두교를 믿으니 힌두교 중심의 나라가 되어야 한다."

"반대한다. 우리 무슬림은 따로 나라를 세우겠다."

이슬람교를 믿는 사람들과 힌두교를 믿는 사람들은 서로 자기가 원하는 나라를 세우기 위해서 피비린내 나는 싸움을 시작했어요.

"종교를 떠나서 모두가 하나가 되어야 합니다."

간디는 종교 분쟁이 일어나는 곳을 찾아다니며 호소했지만 소용없었어요.

결국 인도는 1947년, 힌두교 신자들이 대다수를 차지하는 인도와 이슬람교 신자들이 대다수를 차지하는 파키스탄으로 쪼개졌어요.

그런데 파키스탄은 지리적으로 한데 모여 있지 않았어요. 인도를 사이에 두고 각각 동파키스탄과 서파키스탄이 세워졌지요. 그러다가 1972년 동파키스탄이 파키스탄에서 독립하여 방글라데시가 되었어요.

힘겹게 독립을 이루었지만 종교 분쟁을 빚다가 결국 나라가 셋으로 나뉜 거예요.

약 2,500년 전 인도의 왕자 싯다르타는 누구나 깨달음을 얻으면 행복해지고, 부처가 될 수 있다고 했어요. 그로부터 불교가 탄생했지요. 불교는 아시아 여러 나라에 퍼져 다양한 형태로 발전했고, 오랜 세월 정치와 문화 등에 크나큰 영향을 끼쳤어요.

6장
깨달음의 종교, 불교

- 불교의 특징
- 싯다르타의 탄생
- 불교의 씨앗
- 싯다르타의 해탈
- 불교의 확산
- 사성제와 팔정도
- 불교의 경전
- 소승 불교와 대승 불교
- 불교의 방편
- 선종
- 불상
- 나무아미타불
- 인도 불교의 쇠퇴
- 티베트 불교
- 우리나라의 불교

불교의 특징

불교는 붓다의
가르침을 따르는 종교예요

불교는 약 2,500년 전에 인도에서 만들어진 종교로, 불교를 창시한 사람은 붓다예요. 사람들은 보통 붓다를 부처님이라고 부르지요.

기독교가 하나님을 믿고, 이슬람교가 알라를 믿는 것처럼 불교는 부처님을 믿는 종교라고 생각하기 쉬워요. 하지만 부처님은 신이 아니라 사람이에요. 그렇다고 이슬람교를 만든 무함마드처럼 부처님이 신에게 계시를 받은 것도 아니에요.

"네 스스로 너의 등불이 되어라. 네 스스로 너를 구원해라."

붓다는 신에게 의지하는 것이 아니라 자기 노력을 통해 구원받을 수 있다고 이야기했어요. 기독교와 이슬람교가 신을 믿고 신에게 구원을 바라는 종교라면, 불교는 스스로의 노력으로 구원에 이르는 종교예요.

"이론을 안다고 해서 인생의 문제를 해결할 수 있는 것은 아니다."

붓다는 어려운 이론을 알지 못해도 누구든지 깨달음을 얻을 수 있다고 했어요.

"이 세상에 영원히 변하지 않는 실체는 없다. 참된 자아를 찾으려고 하지도 마라. 그것은 없다."

붓다는 '사람은 태어날 때부터 부처가 될 수 있는 씨앗이 있으며, 누구든지 깨달음을 얻어 부처가 될 수 있다.'라고 말했어요. 따라서 불교는 깨달음을 얻기 위해 스스로 노력하는 종교라고 할 수 있지요.

불교는 기독교, 이슬람교와 함께 세계 3대 종교로, 현재 전 세계에 약 5억 명이 불교를 믿어요. 우리나라 전체 인구의 4분의 1 정도가 불교를 믿고 있지요. 지금은 서양에서도 불교에 대한 관심이 높아졌고, 신자 수도 늘어나고 있어요.

불교는 중국과 우리나라를 비롯한 동북아시아와 태국, 미얀마, 라오스 등 동남아시아에 널리 퍼져 있어요. 그러면서 아시아의 여러 나라의 역사에 큰 영향을 미쳤지요. 아시아의 역사와 문화를 이해하기 위해서는 불교를 알아야 한답니다.

싯다르타의 탄생
하늘 위와 하늘 아래 나만이 존귀하다

인도 북부에 샤키야 족이 다스리는 작은 나라가 있었어요. 이 나라의 왕인 슈도다나와 왕비인 마야 부인은 결혼한 지 20여 년이 지나도록 아이가 없었어요. 어느 날 마야 부인은 이상한 꿈을 꾸었어요. 하늘에서 큰 코끼리가 연꽃을 들고 마야 부인 주위를 일곱 바퀴 돌더니 부인의 옆구리로 들어갔어요. 이 꿈을 꾸고 얼마 후 마야 부인은 아이를 갖게 되었어요.

아이가 태어날 날이 가까워지자 마야 부인은 아이를 낳기 위해 친정으로 떠났어요. 그런데 친정에 도착하기 전, 룸비니 동산에 이르렀을 때 아이가 태어났어요. 아이는 특이하게도 엄마의 옆구리에서 나왔고, 나오자마자 벌떡 일어나 동쪽을 향해 일곱 발자국을 걸어가 이렇게 외쳤어요.

"천상천하 유아독존."

이 아이가 바로 불교를 만든 사람인 고타마 싯다르타예요.

싯다르타가 언제 태어났는지에 대해서는 여러 가지 설이 있어요. 대체로 기원전 563년에 태어나 기원전 483년까지 산 것으로 알려져 있어요.

싯다르타의 탄생에 관한 이야기들은 이 밖에도 아주 많아요. 태어날 때 귀가 길어 어깨까지 닿았으며, 발바닥에 바퀴 그림이 그려져 있고, 손가락이 오리발처럼 서로 붙어 있었다고도 해요.

싯다르타는 정말 보통 사람들과 다른 모습으로 태어났을까요? 싯다르타가 정말 태어나자마자 일곱 발자국을 걸어가 "천상천하 유아독존."이라는 말을 외쳤을까요? 사실 이 말은 싯다르타가 태어나자마자 한 말이 아니라 훗날 깨달음을 얻고 나서 한 말이에요. 싯다르타의 독특한 탄생 이야기는 그의 위대함을 강조하기 위해 훗날 덧붙인 이야기이지요.

천상천하 유아독존(天上天下 唯我獨尊)

싯다르타가 말한 '천상천하 유아독존'을 풀어 쓰면 '하늘 위와 하늘 아래에 나만이 존귀하다'는 뜻이에요. 마치 자기 자신만이 세상에서 가장 귀한 존재라고 말하는 것처럼 들리지만, 여기에서 '아(我, 나)'는 우리 모두를 가리켜요. 따라서 이 말은 모든 사람 하나하나가 다 귀하고 존엄한 존재라는 뜻이지요.

불교의 씨앗

인생의 고통에서 벗어나는 길을 찾아 떠났어요

　인도의 왕자로 태어난 싯다르타는 안락하고 호화로운 생활을 누렸어요. 그러던 어느 날, 싯다르타는 하인을 데리고 궁궐 밖으로 나갔어요. 그곳에서 지팡이를 짚고 무척 힘겹게 걸어가는 초라한 노인을 보았지요.

　"저 사람은 왜 저러는 것이냐? 무슨 일이 생긴 것이냐?"

　"늙어서 그렇습니다. 사람은 누구나 나이가 들면 늙어 저렇게 됩니다."

　두 번째 궁궐 밖으로 나갔을 때는 병들어 아픈 사람을 보았어요.

"저 사람은 늙지도 않았는데 왜 저렇게 힘들어 하느냐?"

"병이 들어서 그렇습니다. 사람은 누구나 병들 수 있습니다."

싯다르타는 다시 충격을 받았어요.

세 번째 궁궐을 나갔을 때는 죽은 시체를 수레에 싣고 가는 사람들의 모습을 보았어요.

"수레에 꼼짝 않고 누워 있는 사람은 늙은 것이냐? 아니면 병든 것이냐?"

"저 사람은 죽은 것입니다. 사람은 누구나 죽습니다."

싯다르타는 궁궐 밖으로 나와 목격한 모습들에서 커다란 충격을 받았어요. 호화로운 궁궐에서 지낼 때는 전혀 몰랐던 삶의 모습들이었지요.

네 번째 궁궐을 나갔을 때는 한 힌두교 수행자를 만났어요. 수행자는 제대로 먹지 못해 몸은 깡마르고, 옷차림은 거지처럼 누추했어요. 그런데도 수행자의 얼굴은 편안해 보였어요.

"저 사람은 누구냐?"

"인생의 고통에서 벗어나는 방법을 찾고자 수행을 하는 사람입니다."

싯다르타는 눈이 번쩍 뜨였어요. 그 수행자처럼 자신도 수행을 하고 싶었지요.

싯다르타가 궁궐 안에서 풍족하게 지낼 때는 인간의 삶이 고통스러울 수 있다는 것을 상상조차 하지 못했어요. 궁궐 밖을 나와서야 인생 그 자체가 고통이라는 것을 깨달았지요. 스물아홉 살의 싯다르타는 인생의 고통에서 벗어날 수 있는 방법을 찾기 위해 왕자의 신분을 버리고 궁궐을 나갈 결심을 했어요. 그리고 이 결심에서 불교의 씨앗이 싹트게 된답니다.

싯다르타의 해탈
보리수나무 아래에서 깨달음을 얻고 붓다가 되었어요

궁궐을 나온 싯다르타는 처음에 브라만을 찾아갔어요. 브라만은 힌두교의 사제로, 쉽게 말해 힌두교의 지도자예요. 하지만 브라만들도 싯다르타가 원하는 답을 주지 못했어요.

다음으로는 힌두교 수행자들과 함께 요가 수련을 했어요. 먹고 싶은 욕망, 자고 싶은 욕망, 편히 쉬고 싶은 욕망 등 몸의 욕망을 끊고 깨달음을 얻기 위해 무서울 정도로 노력했어요. 하루에 콩 한 알을 먹으면서 견디기도 했어요. 온몸의 뼈가 다 들어날 정도로 살이 빠져 배를 만지면 등뼈가 손에 잡힐 정도였지요. 하지만 이런 고된 수련으로도 깨달음을 얻을 수 없어요.

"고된 수련으로도 깨달음을 얻을 수는 없다."

극단적인 요가 수련을 포기한 싯다르타가 찾은 방법은 사색과 명상이었어요. 싯다르타는 보리수나무 아래에 앉았어요.

"완전한 깨달음을 얻을 때까지 나는 이곳을 떠나지 않을 것이다. 살과 피가 말라 없어져도 나는 반드시 이곳에서 깨달음을 얻을 것이다."

보름달이 밝게 빛나는 밤, 싯다르타는 갑자기 마음이 상쾌해지고 말할 수 없이 즐거워졌어요. 곧 마음이 고요해지고 생각의 흔들림이 없어졌어요. 생각과 마음이 한곳으로 모이고 깨끗해지자 깨달음이 찾아왔어요. 마음속의 어둠은 완전히 사라지고 환한 빛이 떠올랐지요. 궁궐을 나와 6년 동안 수련하고 고행한 끝에 서른다섯 살의 나이에 비로소 깨달음을 얻은 거예요.

싯다르타는 6년의 수련과 고행 끝에 깨달음을 얻은 사람, '붓다'가 되었어요. 마침내 불교가 꽃을 피운 것이지요.

불교에서는 깨달음을 얻어 고통에서 해방되는 것을 '해탈', 혹은 '열반'이라고 해요. 열반은 '불어서 끄다'라는 뜻이에요. 활활 타오르는 불을 끄듯이 욕망과 집착이 타오르는 마음의 불을 꺼서 고요해진 상태를 의미해요.

📝 여러 가지 이름을 가진 싯다르타

싯다르타는 붓다, 부처, 불타, 석가모니 등 다양한 이름으로 불려요. 이 가운데 붓다, 부처, 불타는 모든 같은 말로 '깨달음을 얻은 사람'이라는 뜻이지요. 우리나라에서는 보통 부처라고 불러요. 석가모니는 '샤키아 족의 성자'라는 뜻인데, 한자말로 풀어 써 석가모니라고 써요.

불교의 확산
누구나 깨달음을 얻으면 행복해질 수 있대요

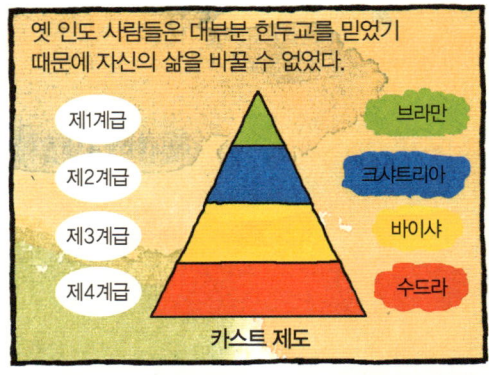

붓다는 자신의 깨달음을 사람들에게 가르칠지 말지 고민했어요.

"내가 깨달은 진리를 사람들이 이해할 수 있을까? 욕망과 쾌락에 빠져 사는 사람들이 내 말을 들으려고 할까?"

그때 연못에 있는 연꽃들이 보였어요. 흙탕물 위로 올라와 아름답게 핀 연꽃도 있었고, 흙탕물 밑에 가라앉아 꽃을 피우지 못하는 것도 있었어요. 그리고 흙탕물에 반쯤 잠겨 있는 연꽃도 있었는데 바람이 불면 물 위로 꽃잎이

142

드러났어요.

"바람이 불면 꽃잎을 드러내는 저 연꽃처럼, 나의 가르침으로 깨달음을 얻어 흙탕물 같은 세상에서 구원을 얻는 사람이 있을 거야."

붓다가 처음 깨달음을 전한 이들은 그와 오랫동안 고된 요가 수행을 함께 했던 친구들이었어요. 그들은 기꺼이 붓다의 제자가 되었고, 이들과 함께 승가를 만들었어요. 승가는 함께 모여서 수행을 하는 불교 공동체를 말해요. 승가에서 수행하는 사람을 승, 혹은 스님이라고 하는데, 이들은 집과 가족을 떠나 함께 수행을 해야 했죠.

붓다는 깨달음을 얻기 위한 사람이라면 누구든지 승가에 들어와 수행을 할 수 있게 했어요. 인도의 신분 제도인 카스트 제도도 무시했어요. 가장 낮은 계급에 속한 사람들과 여성들도 승가에 받아 주었지요.

승가는 계속해서 커져 갔고 발전해 나갔어요. 그러면서 불교는 종교적인 체계를 갖추게 되었지요.

붓다가 살던 당시, 대부분의 인도 사람들은 힌두교를 믿었기 때문에 카스트 제도를 엄격히 따라야 했어요. 사람들은 스스로의 힘으로는 삶을 바꿀 수 없었지요. 다시 태어나지 않는 이상 계급은 바뀌지 않으니까요. 하지만 붓다는 달랐어요. 신분이 낮아도, 돈이 없어도, 비천한 직업을 갖고 있어도 스스로 깨달음을 얻으면 모두가 행복할 수 있다고 가르쳤어요. 그러니 많은 사람들이 붓다의 가르침을 따를 수밖에 없었지요.

붓다의 이런 가르침은 오늘날에도 전 세계의 많은 사람들에게 영향을 주고 있답니다.

네 가지 진리와 여덟 가지 바른 길

"네 가지 성스러운 진리가 있다."

붓다의 가르침이 시작되자 제자들은 그의 말에 귀를 기울였어요.

"첫 번째는 고통에 관한 진리이다. 삶은 고통으로 가득하다. 태어나고, 병들고, 늙고, 죽는 것은 고통이다. 슬픔, 탄식, 불안, 절망도 고통이다. 지금 행복해도 그 행복은 영원할 수 없다."

붓다의 말에 사람들은 고개를 끄덕였어요.

"이 모든 고통은 우리의 욕심과 집착 때문에 생긴다. 사람은 자기가 가진 것에 만족하는 법이 없기 때문이다. 이게 바로 두 번째 진리다. 세 번째는 욕심과 집착을 버리는 사람만이 고통에서 벗어날 수 있다는 진리이다."

붓다는 가르침을 이어 나갔어요.

"네 번째는 고통을 없애는 길이 있다는 진리이다. 이 길을 걷게 되면 사람은 만족할 수 있다."

네 가지 진리를 설명한 붓다는 고통을 없애는 길에 대해서 이야기했어요.

"네 번째 마지막 진리는 팔정도, 즉 '여덟 가지 바른 길'로 이어진다. 가르침에 대한 바른 이해(정견), 바른 생각(정사유), 바른 말(정어), 바른 행동(정업), 바른 생활(정명), 바른 노력(정정진), 바른 깨달음(정념), 바른 집중과 수행(정정)이다. 이 여덟 가지 바른 길을 잘 따르면 모든 괴로움에서 해방될 수 있을 것이다."

붓다는 이 길들이 무엇을 뜻하는지 제자들에게 알려 주었어요. 많은 사람들이 그의 말에 경청했지요.

붓다가 말한 네 가지 진리를 '사성제'라고 해요. '네 가지 성스러운 진리'라는 뜻이지요. 그리고 고통에서 벗어나는 방법을 '여덟 가지 바른 길'이라는 뜻으로 '팔정도'라고 해요. 붓다는 사성제와 팔정도를 신분과 연령에 상관없이 이야기해 주었어요. 그러면서 당시 힌두교가 중시하던 신에 대한 의지와 제사 의식 따위는 필요 없다고 강조했어요. 신이나 의식에 의지하지 않고 오로지 자신의 노력으로 해탈을 이루라고 가르쳤지요.

불교의 경전
붓다의 가르침을 적은 경전이 만들어졌어요

붓다는 45년 동안 사람들을 가르치고 여든 살의 나이에 세상을 떠났어요.

"너 자신을 의지하고, 진리를 의지해라. 세상 모든 것은 덧없다. 쉬지 말고 나아가라."

이것이 붓다의 마지막 말이었어요.

붓다는 45년 동안 사람들에게 수많은 가르침을 전해 주었어요. 만나는 사람의 수준에 따라 그때그때 상대가 가장 이해하기 쉬운 방식으로 가르쳤지요. 가르침의 방식이 여러 가지이다 보니 붓다의 가르침이 잘못 전해지거나 잘못 해석되는 경우를 막기 위해 붓다의 제자들은 각자가 기억하는 가르침을 모으고 확인을 해야 했어요.

붓다가 세상을 떠난 직후 500여 명의 제자들이 모였어요. 이것을 1차 결집이라고 해요. 1차 결집에서는 승가가 지켜야 할 법도와 계율에 관한 부분을 정리했지요. 2차 결집은 그로부터 100년 뒤에 있었는데, 700명이 모였어요. 2차 결집에서는 계율을 어떻게 할 것인가에 관한 내용들이 주로 논의되었지요. 150여 년 후에는 아소카 왕이 이끈 3차 결집이 있었어요. 이때는 1,000명의 승려가 모였지요.

3차 결집에서는 그때까지 사람들이 외워서 전하던 붓다의 가르침과 계율을 문서로 정리했어요. 그리고 논쟁이 되었던 부분들을 해석하고 정리해 책으로 만들었지요. 이렇게 붓다의 말씀을 모으고 정리해 초기 불교 경전이 탄생하게 되었답니다.

이후 불교가 발전하면서 수많은 경전들이 편찬되었어요. 불교 경전의 숫자가 얼마나 되는지 알 수 없을 정도예요. 이런 방대한 불교 경전을 통틀어 '대장경'이라고 해요.

소승 불교와 대승 불교
불교를 크게 두 부류로 나눌 수 있어요

　붓다의 제자들은 붓다의 가르침을 철저하게 따르며 해탈을 하기 위해 열심히 수행했어요. 그러다 보니 불교는 모든 것을 버리고 절에 들어와 수도를 하는 승려 중심의 종교가 되었고, 세상 사람들과는 점차 멀어져 갔어요. 그러자 이러한 불교 흐름에 반대하는 개혁 운동이 일어났어요.

　"붓다는 혼자만 열반에 들어간 것이 아니라 다른 사람들까지 그 길로 인도했다. 그런데 자기 혼자만 열반에 들겠다고 하는 것은 붓다의 가르침을 잘못

이해한 것이다. 진정한 붓다의 제자라면 더 많은 사람들을 위해서 자신을 희생해야 한다."

이런 주장을 하고 나선 사람들은 스스로를 대승 불교라고 했어요. 반면에 개인의 해탈을 위해 노력하는 사람들을 소승 불교라고 했지요. 대승은 '큰 수레'를, 소승은 '작은 수레'를 뜻해요. 인도 사람들은 사람이 죽으면 다른 세상으로 가는데, 거기에는 누구도 쉽게 건널 수 없는 깊고 큰 강이 있고, 그 강을 건너기 위해서는 수레가 필요하다고 믿었거든요.

"자기만 구원을 얻으려는 사람들은 작은 수레를 가진 사람들이다. 우리는 큰 수레에 많은 사람들을 태워 함께 구원받을 것이다."

대승 불교는 많은 사람들을 구원하기 위해서 자신을 희생하는 보살이 되는 것을 최고의 목표로 삼았어요. 보살은 스스로 열반에 들 수 있지만, 자비의 마음으로 자신의 열반을 미루고 보다 많은 사람들을 열반으로 이끌기 위해 노력하는 존재이지요.

이렇게 해서 불교는 대승 불교와 소승 불교로 나뉘게 되었답니다.

얼핏 보면 대승 불교가 소승 불교보다 더 올바르게 보이지만 꼭 그렇지는 않아요. 소승 불교는 깨달음을 얻기 위한 초기 불교의 모습을 유지하고 있으며, 스스로 구원하라는 붓다의 가르침을 철저하게 따르고 있거든요.

소승 불교라는 말은 대승 불교 입장에서 소승 불교를 깎아 내리는 의미가 있다고 해서 요즘은 남방 불교라고 불러요. 동남아시아 쪽에 많이 퍼져 있기 때문이지요. 그리고 대승 불교를 북방 불교라고 해요. 대승 불교는 중국, 한국, 일본, 티베트 등지에, 소승 불교는 태국, 스리랑카, 미얀마, 라오스 등지에 널리 퍼졌답니다.

불교의 방편

불교의 방편으로 인해 여러 종파가 생겨났어요

키사라는 여인에게는 사랑하는 아들이 하나 있었어요. 그런데 아이가 그만 죽고 말자, 키사는 어떻게든 아이를 살리고 싶었지요.

"우리 아이를 살려 주세요."

키사는 죽은 아이를 등에 업고 집집마다 돌아다니며 아이를 살릴 약을 구했어요. 사람들은 그녀를 딱하게 여겼지만 딱히 도울 방법이 없었지요. 키사는 붓다를 찾아갔어요.

"겨자씨 한 줌만 구해 온다면 아이를 살릴 수 있는 약을 만들어 주겠습니다."

붓다의 말을 들은 키사는 기뻐서 어쩔 줄 몰랐어요.

"다만 지금까지 죽은 사람이 아무도 없는 집안에서 겨자씨를 구해 와야 합니다."

키사는 겨자씨를 구하러 마을로 달려갔어요. 하지만 겨자씨는 끝내 못 구했어요. 죽은 사람이 없는 집안은 없었거든요.

"죽음이란 사람이 피할 수 없는 것이로구나. 죽음은 누구나 겪는 슬픔이자 고통이구나."

죽음에 대해 깨달은 키사는 돌아와 붓다의 제자가 되었어요.

붓다는 이처럼 각 사람의 상황과 수준에 맞게 가르침을 전했어요. 이런 가르침의 방법을 '방편'이라고 해요. 흔히 경우에 따라 쉽게 사용하는 방법을 방편이라고 하는데, 불교에서 방편은 중생이 깨달음을 얻도록 만드는 방법이에요.

불교의 방편은 불교가 널리 퍼지는 데 도움을 주었을 뿐만 아니라 다양한 불교의 종파가 만들어지는 데도 영향을 주었어요. 불교의 경전이 여러 언어로 번역되는 것을 넘어서, 불교 자체가 각 나라의 문화와 특성에 맞게 변화되었지요. 주술적인 특색이 많은 나라에서는 주술적인 방법으로 불교를 전했고, 신령을 숭배하는 지역에서는 신령 숭배를 인정하면서 불교를 전했어요.

특히 대승 불교는 방편으로 인해 철학적인 논의가 활발히 진행되면서 빠르게 발달했어요. 수많은 경전과 종파가 탄생했고, 삼론종, 유식종, 천태종, 화엄종, 정토종, 선종 등 종파 수만 해도 수십 가지나 되지요.

선종
깨우침에 걸림돌이 되면 붓다도 죽여야 한대요

어느 날, 많은 사람들이 붓다의 가르침을 듣기 위해 모여들었어요. 사람들은 붓다가 어떤 말을 할지 잔뜩 기대했지요. 그런데 붓다는 아무 말도 하지 않고 조용히 연꽃 한 송이를 들어 보였어요.

"왜 연꽃을 들고 가만히 있지?"

사람들은 고개를 갸웃거리며 멀뚱히 쳐다만 보았어요. 그때 마하가섭이 붓다의 뜻을 알아차리고 얼굴에 미소를 띠었어요. 붓다는 연꽃을 마하가섭에게 주며 말했어요.

"마하가섭 너만이 나의 가르침을 깨달았구나. 올바른 진리의 눈을 너에게 맡기겠다."

이 일화에서 나온 말이 '꽃을 집어 들고 웃음을 띤다.'라는 뜻의 '염화미소'예요. 염화미소는 말없이 서로의 마음이 통하거나 가르침이 전해진다는 의미예요. 이렇게 말 없는 가르침과 깨달음에서 시작된 불교 종파가 '선종'이에요.

선종은 인도 향지국의 왕자였던 달마가 530년경에 중국으로 건너와서 만든 종교예요. 당시 중국의 불교는 몇몇 학자와 귀족들 사이에서 종교가 아닌 학문으로서 유행하고 있었어요. 하지만 달마 대사는 달랐어요.

"깨달음이란 문자나 경전을 연구한다고 얻어지지 않는다. 마음과 마음으로 전해지는 것이다."

달마 대사는 겉치레나 학문 중심의 불교를 비판했지요.

선종에서는 깨달음을 얻기 위해서는 이론을 탐구하거나 불경을 외는 것이 중요하지 않다고 가르쳐요. 명상과 수행을 통해 깨달음을 얻는 것을 강조하지요. 심지어 부처를 만나면 부처도 죽이라고 말해요. 깨달음에 방해가 된다면 부처마저도 죽여야 한다는 뜻이지요. 참 파격적이지요?

선종은 중국 불교를 대표하는 종파이자 불교 가운데서도 가장 특색 있는 종파예요. 오늘날 믿음을 강요하는 종교에 싫증을 느낀 서양 사람들 중에 선종에 관심을 기울이는 사람들이 많답니다.

불상
초기 불교에는 불상이 없었대요

"당신은 신입니까?"

"아니오."

"그럼 당신은 무엇입니까?"

"나는 깨달은 사람입니다."

붓다의 대답은 분명했어요.

붓다는 살아 있을 때부터 많은 사람들의 존경을 받았고, 많은 제자들을 거느린 종교 지도자였어요. 제자들은 그를 신처럼 섬기려고 했으나 붓다는 그것을 거부했어요.

"너희는 배운 교리를 무조건 따르지 말라. 스스로 너의 등불이 되어라. 남에게 의지하지 말고 제 발로 일어서는 사람만이 해탈에 이를 수 있다."

또 붓다는 이렇게 말했지요.

"내가 이 생에서 삶을 마감한 후에도 나의 모습을 닮은 상을 만들지 말라."

붓다는 불상을 만들어 숭배하는 것도 반대했어요. 붓다가 죽고 나서 약 500년 동안 사람들은 불상을 만들지 않았어요.

그러다 기원전 1세기 무렵부터 변화가 일어났어요. 고대 인도 북부에 있던 간다라 지방에 그리스 문명이 전해지면서 불교도들이 제우스 상이나 헤라클레스 상을 처음 접하게 되지요. 그러면서 자기들도 붓다를 상으로 만들기 시작했어요.

불교가 널리 퍼지면서 불상이 많아졌고, 그 모습도 차츰 변해 갔어요. 처음 만들어진 불상은 그리스 문화의 영향을 받아 서양 사람처럼 생겼었는데, 점차 커다란 귀에 둥그스름한 얼굴, 인자한 미소를 띤 동양 사람의 모습으로 변해 갔지요.

불상은 불교에서 중요한 역할을 해요. 자신들이 믿고 따르는 존재를 눈으로 볼 수 있기 때문에 믿음의 존재를 구체적으로 확인할 수 있게 해 주지요. 지금도 절에 가면 불상을 흔히 볼 수 있어요.

불상

불상은 좁은 의미로는 붓다의 상만을 이야기하지만, 넓게는 보살상이나 사천왕상 등 절에서 볼 수 있는 모든 상을 말하기도 해요.

나무아미타불
깨달음을 얻으면 누구나 붓다가 될 수 있대요

먼 옛날 다르마카라라는 젊은이가 있었어요. 다르마카라는 자비심이 많아서 항상 다른 사람들을 사랑하고 가엾게 여겼어요.

"반드시 깨달음을 얻어 많은 사람들을 이끌어 주겠어!"

다르마카라는 오랜 수행을 통해서 마침내 붓다가 되었어요. 이 붓다가 바로 아미타불이에요. 아미타불은 아무런 걱정이 없는 지극히 편안하고 자유로운 극락세계인 서방 정토를 다스리게 되었어요. 그런데 아미타불은 붓다가 되기 전에 이런 맹세를 했어요.

"누구든지 믿음을 가지고 정성스러운 마음으로 나의 이름을 부르면 그를 극락세계에 다시 태어나게 해 주겠다."

사람들은 아미타불의 약속을 믿고 아미타불의 이름을 간절히 부르기 시작했어요. 이것이 바로 지금도 많은 사람들이 주문처럼 외는 '나무아미타불 관세음보살'이에요.

'나무'는 돌아가거나 의지한다는 의미로 '나무아미타불 관세음보살'은 아미타불과 관세음보살에게 의지한다는 뜻이에요. 관세음보살은 괴로움을 없애 주고 행복하게 살게 해 주는 보살이지요. 그래서 '나무아미타불 관세음보살'은 '죽은 뒤 극락세계에 태어나게 해 주시고, 괴로움을 없애 주고 행복하게 살게 해 주소서.'라는 뜻이에요.

아미타불은 싯다르타와는 다른 붓다예요. 붓다라고 하면 언뜻 싯다르타만을 생각하기 쉽지만 불교에는 붓다가 매우 많아요.

처음 불교가 만들어졌을 때 붓다는 곧 싯다르타를 의미했고, 붓다는 싯다르타 한 명뿐이었어요. 하지만 싯다르타는 누구나 깨달음을 얻으면 붓다가 될 수 있다고 강조했지요.

대승 불교가 만들어진 후 붓다의 수는 점점 늘어나 수없이 많아졌어요. 그 중 대표적인 붓다로는 아미타불, 비로자나불, 약사불, 미륵불 등이 있어요.

인도 불교의 쇠퇴
인도에는 불교를 믿는 사람이 거의 없어요

　고대 인도 마우리아 왕조의 제3대 왕 아소카는 피도 눈물도 없는 잔혹한 왕이었어요. 왕자 시절부터 아버지를 도와 전쟁에서 많은 공을 세운 그는 나중에는 형제들을 죽이면서까지 왕위에 올랐지요.

　왕이 된 아소카는 주변에 있는 작은 나라들을 정복해 나갔고, 마침내 최초로 인도를 통일하고 대제국을 세웠어요. 위대한 업적을 이루었지만 아소카의 마음속에는 알 수 없는 두려움이 밀려왔어요. 수많은 사람들을 죽인 것에 대한 양심의 가책을 느꼈고, 전쟁에 대한 회의가 들었지요. 전쟁을 하면서 15만 명을 포로로 삼고 10만 명을 죽였거든요.

"이런 것이 승리인가? 이것은 정의인가?"

아소카는 기원전 293년에 불교를 믿기 시작했어요. 불교를 받아들인 아소카는 살아 있는 것을 함부로 죽이지 말라는 불교의 가르침을 따랐고, 불교에서 강조하는 자비의 정신에 따라 나라를 다스렸어요. 전쟁과 칼 대신 불교의 사랑과 자비를 바탕으로 정치를 펼쳤어요. 아소카 왕은 인도 역사상 가장 위대한 왕 중 한 명으로 꼽히고 있어요.

인도를 통일한 아소카 왕이 불교를 국교로 삼았기 때문에 불교는 인도 전역으로 널리 퍼졌지요. 아소카 왕은 이에 그치지 않고 스리랑카, 미얀마, 페르시아, 심지어 그리스까지 사람을 보내 불교를 전파했어요. 아소카 왕이 세상을 떠난 후에도 불교는 인도에서 크게 번성했지요.

그런데 인도 불교는 8~9세기부터 점차 약해지기 시작해서 13세기 무렵에는 인도에서 거의 사라지고 말았어요. 힌두교 세력이 점점 강해졌고, 이슬람교가 전파되면서 신자 수가 줄어든 거예요. 하지만 가장 큰 이유는 불교가 일반 사람들로부터 멀어져 승려들만의 종교로 변했기 때문이었어요. 명맥만 겨우 유지하고 있던 인도 불교는 힌두교에 흡수되어 힌두교의 일부처럼 되어 버렸어요.

하지만 불교는 중국과 한국, 일본, 태국, 스리랑카, 미얀마 등 아시아 여러 나라에서 꽃을 피웠답니다.

티베트 불교
달라이 라마는 정말 살아 있는 붓다인가요?

1989년, 티베트 불교의 지도자 달라이 라마 텐진 갸초가 노벨 평화상을 수상했어요. 티베트의 독립 운동을 평화적으로 벌인 공로를 인정받은 것이지요. 달라이 라마가 노벨 평화상을 받자 티베트의 독립 운동과 달라이 라마, 그리고 티베트 불교가 전 세계에 알려졌어요.

티베트에 불교가 전해진 것은 7세기 무렵의 일이에요. 당시 티베트는 '본교'라는 토속 종교를 믿고 있었는데, 본교는 주문을 외우고 동물과 사람을 죽여서 신전에 바치는 등 주술적인 성격이 강했지요. 티베트에 불교가 전해지자 티베트 불교는 본교와 버무려졌고, 다른 나라의 불교와는 확연히 다른 독특한 색채를 띠게 되었어요.

티베트 불교는 주술적인 성격이 강해요. 티베트 불교에서는 '옴 마니 반메 훔'이라는 주문을 많이 외우는데, '옴, 연꽃 속에 있는 보석이여, 훔'이라는 뜻으로 관세음보살을 부르는 주문이지요. 또 불교 경전이 적힌 종이가 들어 있는 마니차라고 하는 기도 바퀴를 자주 돌려요. 마니차를 돌리는 행위 자체가 불교 경전을 읽은 거나 마찬가지라고 믿지요.

티베트 불교에는 달라이 라마라는 특별한 존재가 있는데, 티베트의 최고 종교 지도자예요. 노벨상을 받은 텐진 갸초는 열네 번째 달라이 라마예요.

티베트 사람들은 달라이 라마가 죽으면 다시 태어난다고 믿어요. 달라이 라마는 죽으면서 다시 태어날 곳을 알려 주기도 하고, 스님들이 꿈이나 환상에서 달라이 라마가 태어날 곳을 보기도 해요. 그러면 그곳으로 가서 아이를 찾아, 달라이 라마가 다시 태어난 아이인지 시험을 해요. 시험은 여러 물건을 펼쳐 놓고 아이에게 죽은 달라이 라마가 쓰던 물건을 찾게 하는 등의 방식으로 치르지요.

달라이는 '큰 바다'라는 뜻이고, 라마는 '스승'이라는 뜻이에요. 따라서 달라이 라마는 '바다와 같이 깊고 넓은 큰 스승'이라는 뜻이지요. 티베트 사람들은 달라이 라마를 살아 있는 붓다, 혹은 살아 있는 관세음보살이라고 믿어요.

티베트는 히말라야 산맥의 높고 깊은 산 속에 자리하고 있어요. 그래서인지 티베트를 부처가 다스리는 지상 낙원으로 믿는 사람도 있지요. 특히 서양에서는 티베트 불교를 신비롭게 보는 성향이 강하답니다.

우리나라의 불교

우리나라에는 불교가 언제 들어왔나요?

신라의 법흥왕은 불교를 받아들여 널리 퍼트리고 싶었어요. 하지만 귀족들은 불교를 반대하고 나섰어요.

"우리 신라는 조상 대대로 하늘과 조상신을 섬기고 있습니다. 그런데 어떻게 외국에서 들어온 부처를 믿는단 말입니까?"

이때, 이차돈이 법흥왕을 찾아왔어요.

"제가 임금님의 명령이라고 하고 절을 짓겠습니다. 그러면 귀족들은 들고 일어날 것입니다. 그때 임금님께서 저의 목을 베십시오. 그러면 귀족들도 불교를 받아들일 것입니다."

그 뒤 이차돈은 임금님의 명령이라며 절을 짓기 시작했어요. 귀족들은 법흥왕을 찾아와 정말 절을 지으라는 명령을 내렸는지 따져 물었어요. 법흥왕은 그런 적이 없다며 이차돈을 잡아오게 했고 끝내 사형을 내렸지요.

이차돈은 목이 잘려 죽기 전에 이런 말을 남겼어요.

"만약 부처님이 계시다면 제가 죽은 후에 기이한 일이 일어날 것입니다."

이차돈이 처형당하자 정말 믿을 수 없는 일이 일어났어요. 이차돈의 목에서 새하얀 피가 솟아오르고, 하늘에서는 꽃비가 내렸어요. 그 뒤, 귀족들 중 누구도 절을 짓고 불교를 전파하는 데 반대하지 못했어요.

우리나라에 불교가 들어온 것은 삼국 시대였어요. 맨 먼저 고구려가 372년에 불교를 받아들였고, 백제는 고구려보다 12년 뒤에 불교를 받아들였어요. 신라는 두 나라보다 한참 뒤인 527년에 불교를 받아들였지요.

신라는 삼국 가운데서도 불교 전파에 가장 적극적이었어요. 왕권을 강화하기 위해서였지요. 기존의 전통 종교는 귀족 세력들과 한통속이라 견제할 필요가 있었고, 또 임금의 절대적인 권한은 부처에게 왔다고 가르쳤어요. 게다가 모든 백성들이 같은 종교를 믿으면 그만큼 마음을 모으기 쉬웠어요.

그 뒤 통일 신라에서 고려 시대를 거치며 불교는 크게 발전했어요. 고려는 불교를 국교로 정하고 스님을 임금의 스승으로 모시기까지 했지요. 조선 시대에 들어와 유교 국가를 내세우며 불교를 억눌렀지만 이미 불교가 사람들의 생활 속에 널리 퍼져 있었어요.

종교의 가짓수는 정말 많아요. 고대 페르시아에서 생겨난 조로아스터교, 공자의 가르침에서 시작된 유교, 벌레의 목숨도 존중하는 자이나교, 일본의 전통 종교 신도, 기독교에 대항하여 조선에서 생겨난 동학 등등 다양한 종교들이 어떻게 탄생했는지 살펴봐요.

7장
세계의 다양한 종교들

- 조로아스터교
- 유교
- 도교
- 자이나교
- 시크교
- 신도
- 동학
- 대종교와 원불교

조로아스터교
유대교, 기독교, 이슬람교에 큰 영향을 주었대요

고대 페르시아에 살았던 조로아스터는 어느 날 아후라 마즈다가 보낸 천사를 만났어요.

"나는 이 세상을 만든 신인 아후라 마즈다가 보낸 천사이다. 너는 아후라 마즈다의 가르침을 세상 사람들에게 전하라!"

이후 조로아스터는 아후라 마즈다의 가르침을 사람들에게 전했어요.

"오직 한 분, 아후라 마즈다만이 참된 신이다. 아후라 마즈다 말고 당신들이 섬기는 신들은 모두 거짓이다."

조로아스터는 아후라 마즈다 오직 한 분의 신만 믿으라는 유일신 사상을 주장했지요. 하지만 그의 말을 따르는 사람은 거의 없었어요. 당시 페르시아 사람들은 여러 신들을 섬기고 있었기 때문에 유일신 사상을 쉽게 받아들이지 않았어요.

"아무리 열심히 외쳐도, 아무도 나의 말을 들어주지 않는군."

그러던 중 페르시아 동부 박트리아 왕국의 왕이 조로아스터의 가르침을 받아들였어요. 왕은 유일신 사상을 통해 여러 신과 부족으로 갈라진 나라를 하나의 종교로 묶으려 했지요. 그러면서 조로아스터의 가르침은 널리 퍼졌고 마침내 조로아스터교가 고대 페르시아 제국의 종교가 되었어요. 기원전 660년경의 일이지요.

조로아스터교는 고대 종교 가운데 매우 뛰어난 신학 체계를 가지고 있어요. 세계 창조, 선과 악의 대결, 인간의 자유, 심판, 천국과 지옥, 부활, 종말 등 교리가 체계적으로 정리되어 있지요.

조로아스터교는 유대교에 직접적인 영향을 끼쳤어요. 유대 인들이 바빌론으로 끌려갔을 때 조로아스터교를 접하고 유대교 경전인 《구약 성경》을 정리했어요. 이때부터 심판, 천사, 사탄, 천국, 지옥 등의 개념이 유대교에 나타났지요. 유대교를 바탕으로 만들어진 기독교과 이슬람교 또한 같은 개념을 사용하고 있어요. 이렇듯 조로아스터교는 세계 종교사에 엄청난 영향을 끼쳤어요.

비록 오늘날 조로아스터교는 신자가 30만 명 정도인 아주 작은 종교로 남아 있지만, 세계 주요 종교의 뿌리가 된 종교랍니다.

유교

유교는 종교일까요, 종교가 아닐까요?

공자는 기원전 551년 중국에서 태어났어요. 당시 중국은 여러 나라로 갈라져 전쟁이 끊이지 않아 무척 혼란스러웠지요.

공자는 사회의 안정을 찾기 위해 '인(仁)'을 강조했어요. 인(仁)은 본디 '어질다'는 뜻인데 공자는 상황에 따라 인의 뜻을 다르게 사용했지요. 공자가 말하는 인은 '사람됨', '사람을 사랑하는 마음' 정도로 해석할 수 있는데, 공자는 인을 실천하는 방법에 대해서 이렇게 말했어요.

"자기가 서고자 하면 남을 세우고 자기가 이루고자 하면 남을 이루게 하라."

"자기가 하고 싶지 않는 일을 남에게 시키지 말라."

공자는 인을 정치와 사회에도 적용해 이렇게 말했어요.

"임금은 임금다워야 하고, 신하는 신하다워야 하고, 아버지는 아버지다워야 하고, 자식은 자식다워야 한다."

공자는 모두가 각자의 위치에 맞는 행동을 하면 사회가 저절로 편안해질 거라고 생각했지요. 또한 의롭고, 믿음을 지키고, 지혜롭고, 예절 바르게 살 것을 가르쳤어요. 반면에 귀신이나 죽은 뒤의 세계 등 합리적으로 설명하기 어려운 존재나 현상에 대해서는 말하려 하지 않았어요.

공자에서 시작된 유교는 맹자를 비롯한 유학자들을 거치면서 점점 풍성해졌어요. 유교는 나라를 다스리는 통치 교과서였고, 백성들의 생활 규범과 도덕 윤리로 일상생활에 깊숙이 스며들었어요. 유교는 중국은 물론 우리나라에도 큰 영향을 주었지요.

유교는 종교일까요, 아닐까요? 여기에 대해서 저마다 의견이 다른데, 종교보다는 철학 사상이나 도덕 윤리로 보는 입장이 더 커요. 하지만 유교 또한 종교적인 요소를 분명히 가지고 있어요. 대표적인 것이 바로 제사예요.

유교에서는 살아 있는 부모에 대한 효도뿐만 아니라, 돌아가신 부모와 조상을 위해 제사를 지내는 것도 중요하게 여겨요. 죽음이란 혼과 백이 떨어져 영혼인 혼은 하늘로 올라가고, 몸인 백은 땅으로 돌아가는 것이라고 생각해요. 그래서 죽으면 시신은 땅에 묻어 묘를 만들고, 영혼을 섬기기 위해 제사를 지내요.

도교
노자는 자연스럽게 살라고 했어요

"나뉘지 않은 완전한 무엇. 하늘과 땅보다 먼저 있었고, 소리도 없고 모양도 없고, 무엇에 의존하지도 않고 변하지도 않고, 계속 움직이나 없어지지 않는 그것. 그것은 온 세상 모든 것의 어머니라 하겠다. 나는 그 이름을 모른다. 그저 '도'라고 불러 본다."

노자가 쓴 《도덕경》에 나오는 구절이에요. 또 이런 구절도 있지요.

"도는 언제든지 억지로 일을 하지 않는다. 그러나 이루어지지 않는 것이 없다. 임금이나 제후가 이를 지키면 온갖 것이 저절로 이루어진다."

노자는 공자와 비슷한 시대에 살았던 사람이에요. 《도덕경》에는 노자의 사상이 잘 드러나 있지요. 그런데 《도덕경》은 도둑질 하지 말라 등과 같은 도덕이나 윤리를 가르치는 책이 아니에요. 도(道)와 덕(德)에 대해서 설명하는 책이지요.

노자는 《도덕경》에서 "도라고 말할 수 있는 것은 도가 아니다.", "도를 아는 사람은 말하지 않고, 말하는 사람은 도를 아는 사람이 아니다."라고 했어요. 참 알쏭달쏭한 말이지요. 노자의 설명을 종합해 보면 '도'는 세상의 모든 만물을 만든 근본, 우주가 움직이는 원리와 법칙이라고 할 수 있어요.

'덕'이란 도에 맞추어 사는 삶이라고 할 수 있어요. 노자는 도에 맞추어 살려면 억지로 무엇을 하지 말고 자연의 순리에 따라 살라고 말해요. 이것을 '무위자연'이라고 해요. 무위자연을 잘 보여 주는 것이 물이에요. 물은 높은 곳에서 낮은 곳으로 자연스럽게 흘러요. 물은 억지로 무엇을 하려고 하지도 않고 그저 흐를 뿐이지만 모든 생명을 이롭게 하지요. 물은 부드럽고 약해 보이지만 단단하고 강한 것을 부수기도 해요.

노자는 왕이나 제후들도 무위자연을 본받아 백성들을 간섭하지 말고, 쓸데없는 일들을 만들지 말며, 억지로 지배하지 않아야 세상이 좋아질 것이라고 주장했어요.

노자의 가르침은 민간 신앙으로 퍼져 도교라는 종교에 영향을 주었어요. 그런데 종교로서의 도교는 노자의 가르침과는 다른 길을 갔어요. 도교에서는 영원히 늙지 않고 죽지도 않는 신선이 되는 것을 최고의 목표로 삼아요. 산신령, 신선, 불로초 등은 모두 도교에서 나온 것들이에요.

자이나교
욕심을 버리고 생명을 존중해요

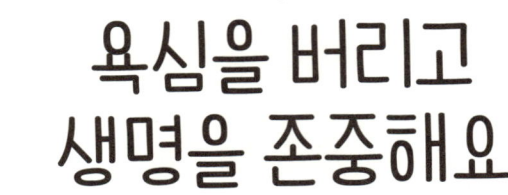

자이나교는 인도에서 불교와 비슷한 시기에 생겨났어요.

자이나교의 창시자인 바르다마나는 기원전 599년에 인도의 한 작은 나라의 왕자로 태어났어요. 호화롭게 살던 바르다마나는 서른 살에 모든 것을 버리고 궁궐을 나와 수행자가 되었어요. 그리고 13년 만에 깨달음을 얻은 뒤로 '위대한 영웅'이라는 뜻의 마하비라라고 불리게 되었어요. 마하비라는 그 후 30년 동안 제자들에게 가르침을 전했어요.

마하비라는 싯다르타와 비슷한 점이 많아요. 비슷한 시기에 비슷한 지역에서 태어났고, 왕자의 신분이었고, 수행을 시작한 나이도 비슷해요. 자이나교와 불교는 업, 윤회, 깨달음, 해탈 등 교리에서도 공통점이 많아요. 불교에서는 깨달음을 얻은 사람을 '붓다'라고 하지만 자이나교에서는 정복자라는 뜻의 '지나'라고 해요. 지나가 된 마하비라를 따르는 사람들을 '자이나'라고 했는데 여기서 자이나교라는 이름이 나왔어요.

자이나교의 주요 계율은 생명을 해치지 말 것, 거짓말하지 말 것, 도둑질하지 말 것, 재산을 가지지 말 것, 어떤 집착도 가지지 말 것 등이에요. 그중에서도 생명을 해치지 말라는 계율이 가장 중요하지요. 그래서 자이나교 수행자들은 마스크를 쓰고, 빗자루로 앞을 조심스럽게 쓸면서 길을 걸어요. 마스크는 작은 벌레가 입이나 코로 들어와 죽는 것을 막기 위해서이고, 걸어가다가 벌레를 밟아 죽이는 것을 막기 위해 빗자루로 벌레를 치우는 것이지요. 심지어 농사를 지으면 해충을 잡아야 하기 때문에 자이나교 신자들은 농사를 짓지 않고 상업 등에 종사해요. 엄격한 채식을 하지만 무화과처럼 씨앗이 많이 들어 있는 것은 먹지 않아요. 작은 씨앗 하나하나가 생명이라고 생각하기 때문이에요.

이러한 엄격한 계율 때문인지 자이나교는 불교처럼 널리 퍼지지 못했어요. 인도에서도 숫자가 적은 편이지요. 하지만 자이나교 신자들은 도덕적으로 엄격한 삶을 살고 있기 때문에 사회적으로 많은 존경을 받아요.

자이나교는 어떤 종교보다 생명을 소중히 여기고 실천하는 평화의 종교예요. 자이나교의 생명 존중 사상은 힌두교에 큰 영향을 주었을뿐만 아니라, 간디와 슈바이처에게도 많은 영향을 주었답니다.

시크교

이슬람교와 힌두교를 합친 종교예요

시크교는 16세기 초, 인도에서 생겨난 종교예요. 시크교를 만든 나나크는 힌두교 집안에서 태어났지만 학교를 다닐 때부터 이슬람교 신자들과 가깝게 지냈어요. 당시 인도에서 많은 사람들이 믿는 종교가 힌두교와 이슬람교였어요. 하지만 힌두교는 여러 신을 믿었고 이슬람교는 오로지 한 신만 믿었기 때문에 분쟁이 자주 일어났어요.

나나크는 두 종교를 하나로 합쳐 시크교를 만들었어요.

"힌두교와 이슬람교는 다른 종교가 아니다. 힌두교에는 여러 신이 있지만 이 신들은 모습이 다를 뿐 결국에는 이슬람교에서 말하는 하나의 신이다."

나나크는 평생 이슬람교와 힌두교의 화해를 위해 노력했어요.

나나크가 죽음을 앞두고 있을 때, 제자들은 장례 문제로 분쟁을 벌였어요.

"스승님은 힌두교 집안에서 태어났으니 당연히 힌두교식으로 스승님의 시신을 화장해야 해!"

"아니지, 스승님과 친한 친구 분들은 이슬람교인이 많아. 당연히 이슬람식으로 무덤을 만들어 모셔야 해!"

제자들의 모습을 지켜본 나나크는 제자들을 불렀어요.

"힌두교를 좋아하는 사람과 이슬람교를 좋아하는 사람이 내 양쪽 옆에 꽃을 놓아 두어라. 내가 죽은 후 꽃이 시들지 않고 싱싱하게 남아 있는 쪽의 방식대로 장례를 치르어라."

나나크가 숨을 거둔 후, 제자들은 꽃 상태를 확인하러 갔어요. 그런데 이상한 일이 일어났어요. 나나크 양쪽에 놓아 둔 꽃들은 모두 싱싱했고 나나크의 시신은 사라지고 없었지요. 그제야 제자들은 장례 문제로 다툼을 벌였던 자신들의 모습이 부끄러워졌어요.

인도 펀자브 지역을 중심으로 2,500만 명 정도의 시크교 신자들이 있어요. 시크교는 이슬람교와 힌두교를 합쳐 만들어졌지만 양쪽 모두에게서 인정받지 못하고 있지요.

시크교 신자들은 이슬람교인들이 인도에서 독립해서 파키스탄과 방글라데시를 만든 것처럼 자신들도 인도에서 독립하기를 원하고 있어요. 이 때문에 시크교는 인도 정부와 마찰을 빚고 있지요.

신도

신도는 일본의 전통 종교예요

하늘의 신들은 남신 이자나기와 여신 이자나미를 세상에 내려보냈어요.

"그대들은 아직도 물에 떠다니고 있는 땅들을 다져서 단단하게 고정시키시오. 그대들에게 땅 위의 모든 것을 다스릴 권한을 주겠소."

이자나기와 이자나미는 긴 창으로 바다를 휘저어 땅들이 엉키고 굳게 만들었어요. 이렇게 만들어진 섬이 바로 일본이에요.

두 신은 산의 신, 폭포의 신 등 여러 신들을 낳았어요. 그러다 불의 신을 낳았는데, 그만 뜨거운 불길에 휩싸여 이자나미가 죽고 말았어요. 죽은 이자나미는 밤의 나라로 갔어요. 이자나기는 죽은 아내를 구하러 밤의 나라로 갔지만 무서움을 이기지 못해 그냥 돌아왔어요. 이자나기는 밤의 나라에 갔다가 몸에 묻은 것들을 씻어 내기 위해 시냇물에 몸을 담갔어요. 왼쪽 눈을 물로 닦았는데, 거기서 태양의 여신인 아마테라스가 만들어졌어요. 오른쪽 눈을 씻자 달의 신이, 코를 씻자 폭풍의 신이 태어났지요.

일본 신화에 의하면 하늘, 태양, 바다, 바람 등 모든 자연에 신이 있지요. 그리고 자연에 있는 여러 정령 숭배 사상에서 일본의 전통 종교 '신도'가 탄생했어요. 신도는 '신의 길'이라는 뜻이에요.

신도는 여러 신들을 섬기는데 해, 바람 등과 같은 자연의 정령뿐만 아니라 위대한 인물들도 죽으면 신이 된다고 믿어요. 이렇게 신을 모신 곳을 '신사'라고 해요.

신도에서는 아마테라스를 가장 중요하게 여겨요. 아마테라스는 자신의 손자를 땅으로 내려 보내 세상을 다스리게 했는데, 아마테라스의 손자의 증손자가 최초의 일본 천황이래요. 따라서 천황은 아마테라스의 직계 후손이자 살아 있는 신인 셈이지요. 옛 일본인들은 신사를 참배하면서 천황에게 충성을 맹세했어요. 또 신이 다스리는 일본은 다른 나라보다 뛰어나다고 믿었지요. 그러면서 신도는 일본이 제국주의로 가는 데에 밑바탕이 되기도 했어요.

현재 일본 인구의 3~4퍼센트 정도만이 신도를 믿고 있어요. 하지만 신도는 일본의 역사와 문화에 큰 영향을 주었지요. 전국에 무려 8만 개가 넘는 신사가 있는데, 많은 일본인들은 새해가 되면 신사에 가서 참배를 해요. 또 신을 모신 제단을 만들어 놓은 가정집도 많아요.

동학
사람이 곧 하늘이예요

　조선 후기 백성들은 탐관오리들 때문에 세금을 많이 내고, 힘겹게 일을 해도 굶주리기 일쑤였어요. 설상가상으로 미국, 영국, 프랑스 등 서양 세력들이 호시탐탐 조선을 노리자 백성들은 더욱 불안해했어요.

　이에 최제우는 1860년 유교, 불교, 도교, 민간 신앙 등을 아우르는 종교 '동학'을 만들었어요.

　"지금 백성들의 고통은 이만저만이 아니다. 이런 상황에서 서양 세력들이 쳐들어오면 백성들의 고통은 더욱 커질 것이다. 하늘의 뜻을 알아 새로운 종교를 만들어야 한다."

동학이라는 이름은 당시 '서학'이라고 불리던 서양의 종교인 기독교에 대항하는 의미로 붙여진 이름이지요.

"하늘의 주인이신 한울님을 모셔라. 한울님을 모시면 누구나 귀한 존재가 된다. 한울님을 모시는 사람이 곧 한울님이다. 그러므로 모든 사람을 하늘같이 섬겨야 한다. 머지않아 모두가 평등한 새로운 세상이 열릴 것이다."

최제우가 만든 동학은 백성들 사이에서 빠르게 퍼져 나갔어요. 동학은 평등한 세상에 대한 새로운 열망을 불어넣어 주었지요.

동학은 단순히 종교에 그치지 않고 새로운 실천으로 이어졌어요. 그것이 바로 1894년에 일어난 동학 농민 운동이에요.

"썩은 벼슬아치들 때문에 백성이 고통당하고 있다. 또한 일본과 서양의 침입에 나라가 위태롭다. 우리는 나라를 구하고 백성을 편안하게 할 것이다."

동학 농민군은 전라북도 고부에서 일어나 전주성을 점령하고 서울로 치고 올라갔어요. 이에 조선 조정은 어쩔 줄 모르다가 황급히 청나라와 일본에 도움을 요청해 지원을 받았지요. 결국 동학 농민 운동은 실패로 돌아갔어요. 하지만 우리 역사상 가장 큰 민중 항쟁으로 기록되었지요.

동학 농민 운동 이후 동학은 천도교로 이름을 바꾸어 지금까지 이어 오고 있어요. 천도교는 일본에게 나라를 빼앗긴 후에는 3·1운동을 비롯해 독립운동에 힘을 쏟았지요. 또 《개벽》, 《신여성》 등의 잡지를 펴내면서 농민 운동과 여성 운동에도 큰 공헌을 했지요. 동학은 우리나라에 평등사상이 자리 잡는 데 큰 역할을 한 종교랍니다.

우리나라가 어려울 때 민족 종교들이 생겨났어요

    1910년, 우리나라는 일본에 주권을 완전히 빼앗겨 식민지가 되었어요. 백성들의 고통은 이만저만이 아니었지요.

    나라가 위기에 처하자 새로운 민족 종교들이 만들어졌어요. 민족 종교란 세계 종교의 반대 개념으로 특정한 민족이나 나라에서만 믿는 종교를 말해요. 유대 인들이 믿는 유대교, 인도 사람들이 믿는 힌두교 등이 대표적인 민족 종교이지요.

우리나라 최초의 민족 종교는 앞에서 얘기한 동학이에요. 그리고 동학의 뒤를 이어 대종교, 원불교 등 다양한 민족 종교들이 탄생했어요.

대종교를 만든 나철은 일본의 침략이 심해지자 관직을 버리고 사람들을 모아 유신회라는 비밀 단체를 만들어 적극적으로 독립운동을 벌였어요. 하지만 일본에 나라를 빼앗기는 것을 막을 수는 없었어요. 그래도 나철은 포기하지 않았어요. 나철은 일본을 이기기 위해서 우리의 민족의식을 일깨우는 것이 중요하고 생각했어요. 그래서 1909년에 우리 민족의 시조인 단군을 받드는 '단군교'를 만들었어요. 단군교는 뒤에 '대종교'로 이름을 바꾸었어요.

"우리나라는 단군이 널리 사람을 이롭게 한다는 생각으로 세운 나라이다. 그런데 이 나라가 일본의 침략으로 고통받고 있다."

나철은 대종교 신자들에게 나라와 민족과 종교는 하나라며, 나라를 되찾는 독립운동에 적극 나설 것을 강조했어요. 1915년, 일본은 대종교가 종교 단체를 가장한 독립운동 단체라며 대종교를 금지시켰고, 대종교 신자들은 만주로 가서 독립운동을 계속했어요.

1916년에는 박중빈이 원불교를 만들었어요. 원불교는 불교를 바탕으로 만든 새로운 종교예요. 전통적인 불교와는 거리가 멀었고 사회 개혁을 추구했지요. 일제 강점기에 간척 사업을 벌여 가난한 사람들에게 땅을 나누어 주고, 안정적인 경제 활동과 교육 사업을 통해 나라의 독립을 찾으려 애썼어요.

우리나라의 민족 종교는 대부분 나라가 위험에 빠졌을 때나 일본에 나라를 빼앗긴 식민지 시기에 만들어졌어요. 그래서 민족정신을 높이고 나라를 구하고 백성을 편안하게 만드는 것이 중요한 과제였지요.

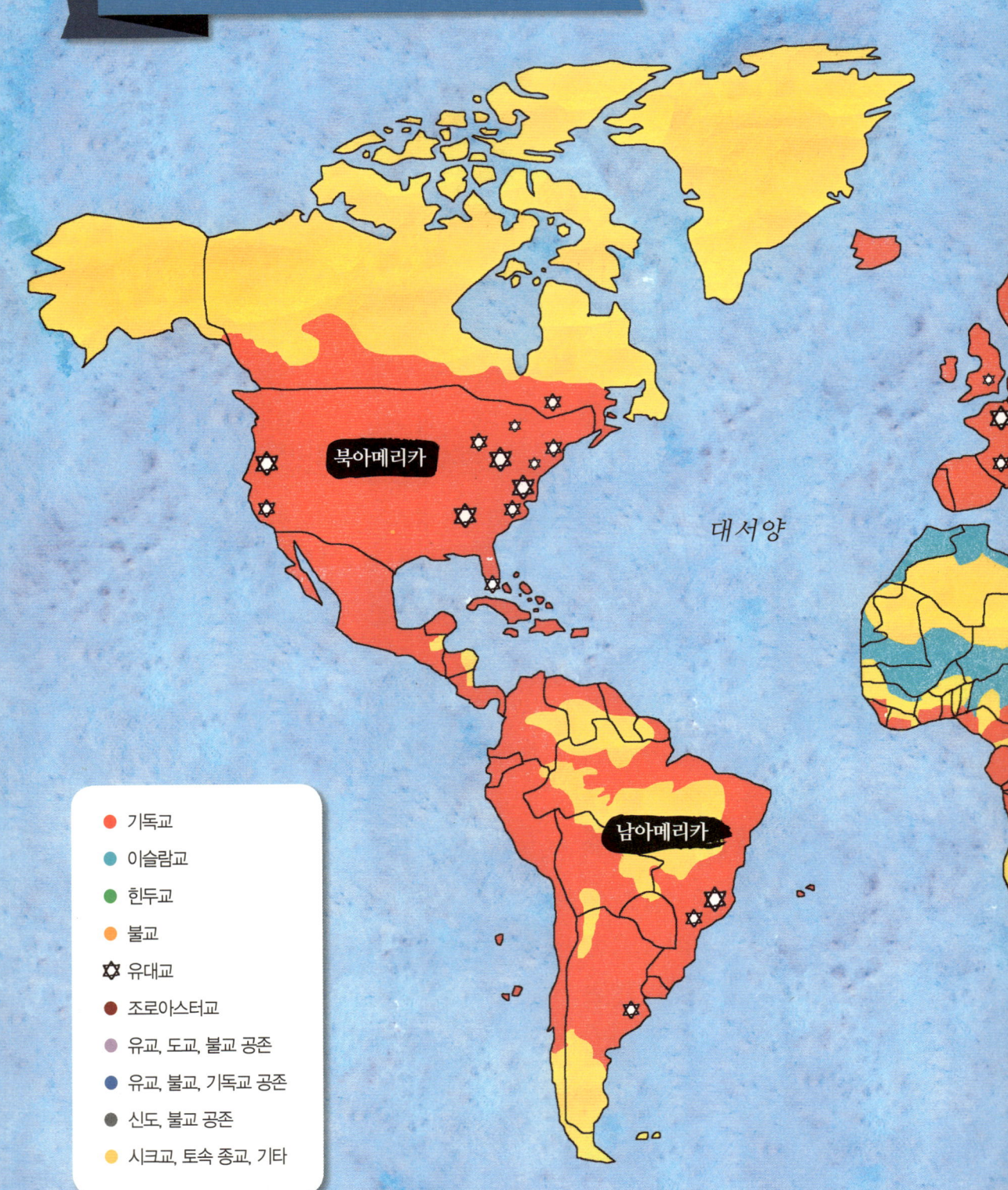

세계 종교 가운데 신자 수가 가장 많은 종교는 무엇일까요? 기독교(가톨릭교회, 개신교, 그리스 정교회 포함)가 31.5퍼센트로 가장 많답니다. 두 번째인 이슬람교가 23.2퍼센트인데, 무슬림은 계속 늘어나고 있어요. 그 다음에는 힌두교가 15퍼센트, 불교가 7.1퍼센트를 차지해요. 그 밖에도 토속 종교와 조로아스터교, 시크교, 신도 등 소수 종교가 명맥을 유지하고 있어요.

[통계 자료 출처 : 퓨리서치, 2012년 조사]

유래를 통해 배우는 초등 사회 12 종교
그래서 이런 종교가 생겼대요

초판 발행 _ 2014년 12월 19일
초판 3쇄 발행 _ 2017년 9월 18일

글쓴이 _ 우리누리
그린이 _ 최현정
발행인 _ 이종원
발행처 _ 길벗스쿨
출판사 등록일 _ 2006년 6월 16일
주소 _ 서울시 마포구 월드컵로 10길 56(서교동)
대표전화 _ Tel (02) 332-0931 / 팩스 _ (02) 323-0586
홈페이지 _ www.gilbutschool.co.kr / 이메일 _ gilbut@gilbut.co.kr

기획 및 책임편집 _ 박수선(hyangkie@gilbut.co.kr) / 제작 _ 이준호, 손일순, 이진혁
영업마케팅 _ 진창섭 / 웹마케팅 _ 박정현, 구자연 / 영업관리 _ 정경화 / 독자지원 _ 송혜란, 정은주

디자인 _ 이현주 / 필름출력 _ 이펙 / 인쇄 _ 벽호 / 제본 _ 신정제본

ⓒ 우리누리, 최현정 2014

잘못된 책은 구입한 서점에서 바꿔 드립니다.
이 책에 실린 모든 내용, 디자인, 이미지, 편집 구성의 저작권은 길벗스쿨과 지은이에게 있습니다.
허락 없이 복제하거나 다른 매체에 옮겨 실을 수 없습니다.

ISBN 978-89-6222-812-0(73200)
　　　978-89-6222-378-1 SET
　　　(길벗스쿨 도서번호 200159)

───────────────────────

독자의 1초까지 아껴주는 정성 **길벗출판사**
(주)도서출판 길벗 | IT실용, IT수험서, IT/일반 수험서, 경제경영, 취미실용, 인문교양(더퀘스트) www.gilbut.co.kr
길벗이지톡 | 어학단행본, 어학수험서 www.eztok.co.kr
길벗스쿨 | 국어학습, 수학학습, 어린이교양, 주니어 어학학습, 교과서 www.gilbutschool.co.kr

페이스북 • www.facebook.com/gilbutzigy
트위터 • www.twitter.com/gilbutzigy